SHEPH

做唤醒生命的牧者

——以项目式学习提效班主任工作

侯霞 ◎著

天津出版传媒集团

天津人民出版社

图书在版编目（CIP）数据

做唤醒生命的牧者 : 以项目式学习提效班主任工作 /
侯霞著. -- 天津 : 天津人民出版社, 2023.11
 ISBN 978-7-201-19951-1

 Ⅰ.①做… Ⅱ.①侯… Ⅲ.①班主任工作 Ⅳ.
①G451

中国国家版本馆 CIP 数据核字(2023)第 202686 号

做唤醒生命的牧者 ：以项目式学习提效班主任工作

ZUO HUANXING SHENGMING DE MUZHE : YI XIANGMUSHI XUEXI TIXIAO BANZHUREN GONGZUO

出　　版	天津人民出版社
出 版 人	刘　庆
地　　址	天津市和平区西康路 35 号康岳大厦
邮政编码	300051
邮购电话	（022）23332469
电子信箱	reader@tjrmcbs.com

责任编辑　佟　鑫
装帧设计　汤　磊

印　　刷	天津中图印刷科技有限公司
经　　销	新华书店
开　　本	880 毫米×1230 毫米　1/32
印　　张	6.5
字　　数	140 千字
版次印次	2023 年 11 月第 1 版　2023 年 11 月第 1 次印刷
定　　价	68.00

目 录

▶▶第一章
班主任概述

一、班主任

班主任，也叫班级主任。他是学校中全面负责一个班学生的思想、学习、健康和生活等工作的教师，也是一个班的组织者、领导者和教育者，同时还是一个班中全体任课教师教学、教育工作的协调者。他与任课教师的本质区别在于任课教师只负责本学科教学，而班主任除此之外还全权负责管理一个班级。

教育部印发的《中小学班主任工作暂行规定》对班主任任务做了明确规定，按照德、智、体、美全面发展的要求，开展班级工作，全面教育、管理、指导学生，使他们成为有理想、有道德、有文化、有纪律、身心健康的公民。

班主任的日常工作包括：①制定班主任工作计划，确定工作的重点，安排好各项工作。②关注学生学习成绩，了解学生发展情况，为自己和其他教师的工作提供依据。

③协调班内各任课教师之间的关系,互通情况,改进教学方法,制订课堂常规,共同促进学生提高学习成绩,掌握学习方法。④关心学生的生活和健康,要教育学生养成良好的生活习惯和卫生习惯,要配合有关教师开展好课内外体育活动。⑤组织学生参加公益劳动,培养学生正确的劳动观点、劳动态度、劳动习惯和为人民服务的精神。⑥组织班委会工作,有计划地组织好班委会活动,充分发挥学生主动性、积极性和创造性。⑦做好家长工作。通过家庭访问、书面联系、家长座谈会等方式,使家长对子女的教育与学校的要求有认知。对家长不适当的教育,提出意见和建议。⑧做好操行评定工作,处理班里的日常事务,如批准学生请假、安排值日等。

班主任工作的智慧是教师在确定与达成教育目标的实践过程中,在积累丰富实践经验的基础上,根据一定的伦理价值,对人与事做出合理判断与抉择的一种艺术,是应对事物、事件、过程、任务的一种能力,是洞察、感悟、审视事物及其发展过程的一种思维。

二、班主任工作的基本职责

高中班主任是高中教育中的重要角色,承担着许多重要职责。班主任需要关注每个学生的学习和个人发展,并与学生、家长和学校管理层交流,以确保学生健康成长。

首先,高中班主任的基本职责之一是检查学生的学习进展。班主任需要监督学生落实学习计划并取得一定成绩。他们负责跟踪孩子的作业、考试和GPA(平均成绩),

并在必要时与家长和其他任课教师进行交流。

其次,班主任需要为班级创建积极、安全、鼓励性的学习环境。他们应负责维持班级行为准则,管理课堂和校外活动,并确保学生有足够的社交机会。一些班主任还会组织课余活动,以支持学生的社交和体育发展。

同时,高中班主任需要成为学生的指导者和人生导师。在这个阶段,学生可能会遇到挑战、烦恼和选择。班主任应当帮助他们制定解决方案和设定目标,以改善学习和心理健康。一些班主任还可以为学生推荐其他辅助资源,如心理咨询师等。

另外,班主任还需要在学生家庭和学校之间充当桥梁,以确保二者交流的顺畅。他们应经常向家长告知学生的学习进展、表现和生活情况。这有助于建立多方之间的和谐关系,并让家长对孩子的关注有的放矢。

最后,班主任需要与学校管理层交流并协作,以确保班级正常有序运转。就班级问题、学校计划、其他焦点问题做出应对方案。

总之,高中班主任的基本职责包括监督学生成绩,为学生创造积极的学习和生活环境,作为学生的指导者和人生导师,与家长和学校管理层交流。这些职责贯穿整个学年并不断产生变化,但其中最基本的职责仍是确保学生的学习和个人发展。

高中班主任是负责教育和管理学生的重要角色,他们的工作范围非常广泛。作为为数不多的落实教育政策的人员之一,班主任承担着很多重要的职责。以下将简要介绍每一项职责的作用。

（一）学业管理

学业管理是高中班主任的一项主要职责。作为一个班级的负责人，班主任应该通过定期考试、其他形式的考试来监督、分析学生的学习情况和学业进展。班主任应按学校规定制订考试时间表，及时将考试情况上报学校，并与学生和家长详细分享学习进度，提出建议和反馈。此外，班主任应根据学生的需求和表现建立学习计划，定期向学生介绍学习方法和技巧，帮助学生更好地学习以取得好的成绩。

（二）学生管理

学生管理是高中班主任的另一项主要职责。班主任的学生管理职责是确保班级秩序的良好运行，并创造更加安全、有序、温暖的学习环境。为了实现这一目标，班主任应该负责制订并执行行为规范制度，以及帮助学生理解和尊重这些规范。此外，班主任应该及时处理学生的违规行为和纠纷，并向家长反馈具体情况。同时，班主任也应鼓励学生积极参加社会实践和公益活动，提高学生的社会责任感和公民意识。

（三）学生个人咨询和辅导

高中学生正处于人生的重要转折点，他们需要支持、帮助和指导。班主任的第三项主要职责是为学生提供咨询和辅导。班主任应该了解学生的个人情况，聆听他们的心声和遇到的问题，并提供适当的支持。班主任也应该帮助学生认清自己的优缺点，帮助他们制订个人规划和目标,并监督和促进他们实现个人成长。

(四)家长服务

在高中教育中,家长是学生教育中不可或缺的参与者。班主任应该向家长及时提供学校信息,并与其及早建立良好的沟通。在与家长进行沟通的过程中,班主任应该告知学生的在校表现、学业情况和需求,帮助家长后期采取有针对性地行动。此外,班主任还应该定期组织家长会,向家长传达班级和学校的信息以及课程进展。

(五)组织学生活动

组织学生活动是班主任的主要任务之一。通过组织活动,班主任可以增强班级凝聚力,丰富学生的课余生活,同时帮助学生掌握各种社交技巧。班主任应该在一些有纪念性的节日,组织学生参加各种各样的体育、文化、艺术和公益活动,以满足学生的活动需要。

在高中班主任的工作中,上述职责不仅要平衡学校、学生和家长之间的关系,也需要借助学生、家长和学校的合作。高中班主任的工作非常繁忙,要快速适应高要求、高压力的环境。然而,他们的工作是光荣而有意义的,班主任可以帮助学生从青春期走向成年,这些学生也会成为社会的发展力量,为未来的中国填补人才库。

三、班主任工作的时代要求

随着精神文明的不断推进,社会赋予教育的责任日益加重,对班主任提出了更高的育人要求,所以班主任在新的时代背景下应对角色进行新的解读。就社会需求而言,班主任应扮演好"传道者"的角色,承担起社会责任。就学生的需求来看,由于学生处于不断发展变化的社会化进程中,对世界充满了探索欲,班主任就必须承担起引导学生发展的"授业者""解惑者"的角色,解学生生活之惑、生存之惑、生命之惑。

当前,我们处于教育改革不断深化的关键期,作为一线教育工作者担当试水重任的非班主任莫属。教育均衡、中高考改革等新形势要求班主任们必须跳出学科的限定,跳出班主任常态的限定,具备多学科的思维,练就洞察学生潜力的慧眼,能对学生进行学习方向的专业指导。随着时代的变迁,班主任的工作面临着越来越多的挑战和变化。在新时代的班主任工作中,需要关注以下几个方面的时代要求。

(一)关注学生个体化、多元化发展需求

在新时代的班主任工作中,需要更加关注学生个体化、多元化的发展需求,在课堂内外给予他们更多的支持和协助。例如,班主任需要深入了解每一位学生的差异,了解每个学生的学习、生活和情感需求,根据需要和差异对学生进行个别化评估、辅导和支持。此外,班主任还应当为学生提供更多元化的学习和社交资源,比如组织文艺、运动等各式各样的社交活动,以满足学生个性化、多元化的发展需要。

（二）强化知识技能培训，提高学生综合素质

在新时代，班主任需要切实关注学生的知识、技能和素质发展，并且为学生提供更加前沿和有效的知识技能培训。班主任应该具备能够适应不同学科、知识领域的培训技能，采用合适的教学模式和方法，配合学校的课程，为学生提供扎实的知识和技能体系学习。此外，班主任还应注重学生综合素质的培养，培养学生的学做能力、抗压能力和拓展思维能力，同时注重提高学生的人际交往、领导才能等综合素质，使学生具备更为全面的发展能力。

（三）积极引导学生发展国际视野

班主任的工作并不仅仅是关注学生的日常生活和学业表现，还需要引导学生了解时事热点、掌握国内外情况。社会的信息化、全球化和多元化使得大众与世界之间的联系越来越紧密，因此，班主任应引导学生打破人与人之间所存在的地域语言和文化障碍，增强学生与外界的联系和对话，提高其实践能力和视野。为此班主任需要寻找各种协作机会，接触教育行业上的各种实践交流机构、组织等，拓展学生的知识面，增长学生的人生经验。

（四）促进学科专业化

在新时代的班主任工作中，也需要促进学科的专业化发展。针对不同领域的专业性要求，班主任需要更好地了解和掌握相关的知识和技能，有能力引导学生掌握知识并取得优异成绩。当一个班级发展到一定程度，班主任对其

学科专业性的加强,将对学生的专业性培养和后续教育产生更深刻的影响。

总之,班主任工作的时代要求不断发展和完善。要求更加注重学生个人发展、多元素质提高、国际视野拓展以及学科专业化训练。在这些新要求下,班主任需要加强个人技能和提高自身素质,适应国家和社会不断变化的需求,在班级教育中更好地造福学生,为实现中华民族伟大复兴而努力奋斗。

四、班主任工作面临的困境

我国著名教育家陶行知曾说:"千教万教,教人求真,千学万学,学做真人。"何谓"真","真"的内涵是什么?2016年公布的《中国学生发展核心素养研究成果》中有很好的答案。围绕核心素养以培养"全面发展的人"就是"教人求真",核心素养就是"真"的当代体现。上海市教育学会会长尹后庆指出,"核心素养"这一概念的提出蕴含了学习方式和教学模式的变革,它要求教师能够创设与现实生活紧密关联的、真实性的问题情境,让学生通过基于问题或项目的活动方式,开展体验式的、合作的、探究的或建构式的学习,这也是项目式学习的典型特征。

如何在班主任工作中加强核心素养教育,是新时期班主任工作面临的新课题。在班主任工作中通过开展项目式主题探究活动推动核心素养教育的若干方法及成效。所谓"班级项目"就是指一个班级依据学生实际以某一内容或形式为载体,整合德育内容和途径,通过项目名称的确定、标志的设计、目标的确立、内容的选择、途径的实施推进班集体建设，从而使学生在这个过程中不断体验成长的教育载体。

　　班级作为学生的基层组织，是一个具有凝聚力的地方，学生团结与否，能否在学校良好生活和获得身心的健康发展在班级工作中至关重要。班主任作为班级的核心管理人员，应当在学生生活、思想、学习各方面负责。班主任是学生的教育者、领导者，班主任管理在学生工作中起着至关重要的作用。作为一名言传身教的师者，其自身的道德品质和综合素质同时影响学生的发展，教师作为学生的一盏航灯，始终指导着学生未来道路的航向。作为学校和学生之间重要的桥梁，班主任担当着非常重要的工作。然而，班主任在工作实践中也会面临一些困境。本文将重心放在讨论班主任所面临的困境上，并探讨如何在这些困境中寻求解决之道。

（一）时间不足

　　班主任除了需要完成一系列的课堂工作外，监管、交流和沟通还需要占用他们大量的时间。班主任一方面每天做出各种决策，一方面又需要快速回复学生、家长和校方的问询，并为学生的学业进展及其他事宜提供支持。因此，班主任常常被迫在深夜或周末加班工作，从而进一步削弱了班主任在工作和家庭生活之间的平衡。

　　班主任可以通过项目式学习活动为班级创建积极、安全、鼓励性的环境。他们应负责维持班级行为准则，管理课堂和校外活动，并确保学生有足够的社交机会。一些班主任组织课余项目活动,以支持学生社交和体育发展。

(二)工作压力大

班主任需要履行许多职责,其中包括学生管理、课程计划、家长沟通、学生辅导等工作。面对如此多的工作,班主任必须不断思考以最有效的方式管理自己的班级。而这种压力不仅仅只是工作本身的压力,还有因工作所透露出来的焦虑和压力。这种心理压力常常让忙碌工作的班主任感到疲劳,严重的还会影响其工作质量和身心健康。

班主任作为班级管理的总设计师,通过项目式学习活动可以在班级管理的制度设计上将人性化管理与制度化管理相结合,即让学生按制度办事,制定完善奖惩措施的同时,在具体实践过程中又可以人性化地实行。教师在制度设计和实际行动方面要制度化和人性化并存,既要严格按照制度办事,不能让学生认为制度无效,也要在制度之外考虑特殊因素。

(三)学生多元化需求

当今学生的需求越来越多样化,班主任需要统筹学生的学习和个人需求来制定相应的教学计划。这就需要班主任具备一定的创造力和创新性,以满足学生各种需求,然而人员和资源匮乏仍然是当前学校班主任工作面临的挑战之一。

不同学生有不同的特点和性格,高中学生通过项目式学习活动将这种特点充分发挥,比初中生更加成熟。因此教师在学生管理过程中应当考虑学生自己的学习生活习惯,将学生分类管理,可以进行班干部轮岗制度,根据学生性格安排学生进行班级管理工作,借助这种形式对学生采取激励措施,让班级的每个学生都能为班级贡献自己的力量,使学生找到自己在班级中的价值和存在感,并且在班级工作中学到为人处世方面的社交技能,这样更有利于班主任与学生之间的沟通。

(四)与家长多交流合作

家长是学生的首要监护人和教育者,班主任需要与家长保持良好的沟通和合作,以便于让家长对班级和学校有必要的了解。然而,在某些情况下,家长的跟进程序和沟通流程与班主任的方案不同,这往往会给班主任带来不必要的压力。

班主任管理班级不仅仅是实现教师和学生之间的沟通,与家长的有效沟通也十分重要。项目式学习下班主任与家长的沟通,家长与学生的沟通都需要班主任发挥班级管理艺术。班主任应当在与家长互动时定期安排一些心理家庭教育讲座,邀请家长进校学习,同时还可以安排学生与家长之间定期进行沟通,通过家长的配合完成自己的班级管理工作。

(五)制度性缺陷

在某些层面,班主任工作所面临的挑战是机构或制度性缺陷造成的。因此,从某些方面来讲高中班级管理对于班主任是一项考验,如何有效管理高中班级需要从问题出发,针对性地在实践中找到解决办法,因人而异,实施个性化、人性化管理这也是教育与时俱进的表现。教师在班级管理上是需要艺术的,如何管理好班级与学生进行良好沟通是每个班主任需要长期改进和完善的。

最后,结合以上面临的问题,更需要力求在班主任工作中结合项目式学习,有效整合核心素养教育,提炼富有特色的优秀班级文化,提高学生的核心素养,形成积极向上、主动发展的良好班风、学风,促进班级健康蓬勃发展。

▶▶第二章
关于项目式学习

一、项目式学习研究现状

（一）项目式学习的起源

最早提及项目式学习概念的是美国教育家约翰·杜威，源自他倡导的"做中学（learning by doing）"，由克伯屈的设计教学法发展而出，是一种区别于围绕传统"三中心"开展班级授课制教学的新型教育模式。如果说在工业化社会背景下发展的传统教育是重在大规模地培养人才，强调学生的理论知识，强调教师在教学中的主导作用，那么在新时代下，第三次工业革命引导的信息时代来临则使得传统教学开始向现代教学观念转变。1918年9月，杜威在哥伦比亚大学《师范学院学报》第十九期上发表了《项目（设计）教学法：在教育过程中有目的的活动的应用》一文，明确了项目式学习的思想是让学生通过实际活动去学习，并认为知识只有通过行动才能获得。

(二)项目式学习的发展

项目式学习正成为育人方式和课程教学变革的重要指向。2019年,国务院办公厅印发了《关于新时代推进普通高中育人方式改革的指导意见》,提出要注重"项目设计"等跨学科综合性教学;同年,中共中央、国务院印发《关于深化教育教学改革全面提高义务教育质量的意见》,提出开展"项目式学习"。2020年年末,上海市教委宣布正式启动"义务教育项目式学习三年行动计划"。上海作为教育改革的风向标城市,从实践层面尝试以项目式学习为变革抓手,激发办学活力。

针对要求在21世纪采用新的学习模式的教育运动,有人认为必须改革传统教育,才能使应对复杂的全球挑战所需的新的学习形式得以实现,以便更好地帮助学生获得21世纪的必备技能。然而,如何更好地教授这些技能的问题在很大程度上被忽视了。

今天的学生是积极的学习者,而不是旁观者,他们把自己看作是创造信息和新想法的参与者。因此,21世纪教学应基于三个原则:个性化、参与性和生产力。这需要学生通过真实的现实环境进行学习,从开始到结束都需要在问题出现时及时解决问题,所有这些都构成了强大的学习策略。

(三)国内外研究现状

1.国外研究现状

项目式学习(Project-Based Learning,简称PBL)的思想

萌芽起源于欧洲的劳动教育思想。二十世纪初,在美国受到关注并获得蓬勃发展,形成了比较完整的理论体系,还被应用于实际的教学中。

目前项目式学习在国外应用很多,是一种备受推崇的教学模式。项目式学习不仅在英、美、日、法等发达国家广泛使用,在许多发展中国家也正在稳步推进当中。其中,诸多国家都已经形成了从初中、高中到高等教育院校等能够相互衔接的系列课程。知其然必知其所以然,PBL项目式学习的教学流程究竟如何,也值得探索。国外关于项目式学习的研究成果十分丰富,理论也已经基本成熟,尤其值得关注的是他们在应用方面取得的进步,具体实践的例子很多。从其研究发展看,最初关注的是基于项目的学习本身及其应用,然后关注基于项目式学习中的信息技术的应用。在美国,基于项目的学习是其开展研究性学习的主要学习模式之一。项目式学习在美国被中小学普遍采用,锻炼了美国中小学生的创造力、团队合作和领导力、动手能力、计划以及执行项目的能力。除此以外,对项目的选择也让中小学生能够更早和更深入地面对和解决现实生活中的问题。这些能力则是中国应试教育下的孩子在应对来自外界、来自未来挑战时所缺少的。项目式学习因为以学生为中心,注重引导学生针对社会焦点问题或者具有现实意义的问题进行研究,并根据命题积极地收集信息、获取知识、探讨方案,再通过多学科之间交叉综合学习,因此具有使学生能够更深入地从所选取的课题中探究以及学习现实世界所面临的问题,并试图找出解决的方法的优点。

2.国内研究现状

项目式学习于二十世纪90年代被引入我国。1995年《科学课》杂志先后刊登了德国安内莉泽·波拉克女士在中德自然常识研讨会上所介绍的"德国家乡常识课项目设计教学实例"的两篇翻译稿,其中重点介绍了项目教学法的价值及其在德国基础教育教学中的应用;1999年第十二期《中国培训》以"项目学习法——一种有益的尝试"为题撰文三百五十字介绍了项目教学法在企业培训中的效果;2000年《职教论坛》以"国外执教的教学方法"一文将项目式学习介绍到我国职业教育领域。此后有关项目式学习的研究逐步渗透到我国的基础教育、职业教育、成人教育以及高等教育等各个教育领域中。2012年由徐锦生主编的《项目学习——探索综合化教学模式》一书出版,该书比较系统地介绍了项目式学习在小学开展与实施的方法和途径。项目式学习最开始引入我国时,强调以"构想、验证、完善、制造出某种东西"作为项目研究的成果,但随着PBL教学的不断深入,教学理念和教学流程也在不断变化和完善。

在探索项目式学习的实践过程中,学生不仅将所学知识做到了融会贯通,还能在PBL的训练中锻炼批判性思维、团队协作能力、领导力、创造力等社会必备能力。将学习的主动权还给学生,将问题的答案留给学生自己探索,帮助学生真正地化知识为力量,做到学以致用。项目式学习是一种动态的学习方法,通过PBL让学生们主动地探索现实世界的问题和挑战,过程中他们会领会到更深刻的知识和技能。PBL项目式学习不仅要通过教学实例的验证,同时还需要经得起数据调研的考验。通过对大学管理信息系统部门60个项目的调查,发现项目式学习对学生的创新能力、团队合作和沟通能力发展具有积极影响。研究在线项目式学习后发现,PBL项目式学习比非项目式学习中的异步在线讨论有更高的知识建构水平。相较于传统教学法,项目式学习对学生学习成绩和自我效能感提升更大。

(四)项目式学习的优势

通过对国内外教学实例分析及数据调研显示证明,PBL项目式学习具备如下优势:

1.为课堂注入新活力

项目式学习和技术应用为主动式学习注入新的活力,将真实情境和技术引入课程当中,它鼓励学生进行批判式思考、独立工作、展示运用所需技能,养成终身学习的习惯。

2.激励学生兴趣,提升学习价值

学生们思考解决问题的方法,以及决定执行任务活动的过程。学生是学习的主体、项目的参与者、协调者和责任人,他们在学习过程中会更有激情和动力,积极地参与到项目中去,达到很好的学习效果。

3.培养学生适应未来社会的能力

基于项目形式对学生进行跨学科的综合性教育,鼓励其探索现实世界,掌握融合多学科知识的综合技能,并应用到实践中,提高解决复杂问题的能力,以适应未来社会对人才的需求。

4.鼓励学生"犯错误"

打破传统"犯错=挨罚"的思维,让学生们大胆实践,不惧挑战和犯错,从错误中发现问题,学习知识,将多学科知识融会贯通,通过项目运作来解决问题,真正做到学有所用。

总结以上内容,不难发现当我们仔细研究项目式学习教学流程时,该流程中的每一环节都是以科学视角帮助学生积极构建情境学习、社会交互和认知工具。这也从另一方面说明了为何PBL项目式学习能够促进学生进行深层次学习。

还可以发现,项目式学习是一种非常值得推广的,能促进学生进行有效学习的新型学习方式,在国外项目式学习已经被广泛应用并已形成了完备的理论体系。在国内项目式学习还是一种新鲜事物,被引进才将近二十余年,刚处于发展阶段,而且多数应用于大学、中学和职业学校,很少应用到小学,而且每个学校基本上都是"单打独斗"的各自开展,缺乏校与校之间的合作与交流,致使每一个学校开展项目式学习的层次进度参差不齐。为此。处于发展阶段的小学在开展科学项目式学习过程中应加强跨校合作,现实资源共享,为项目式学习开展提供更充分的条件保障;教师增进交流,分享现实经验,促进其更好地组织指导项目式学习;学生加强合作成果共享,促使其更深入地完成项目式学习。

二、项目式学习概念

(一)项目式学习的背景

PBL是一种项目式学习法,它以学生为主体,依靠集体的力量解决一系列复杂的问题,并在过程中习得新知、获取新的技能、提高自身能力。同为跨学科学习的STEM教育则是融合科学（Science）、技术（Technology）、工程（Engineering）、数学（Mathematics），结合多方面技能解决实际问题。我们生活在由一个个项目（project）组成的世界。家庭购物、烹饪、出游……需要家庭成员的讨论、策划、行动、成果分享等环节；在工作环境中，员工之间往往也需要通过协商、协作、计划、行动等活动，完成每一项工作的推进。

项目式学习就是把社会创新实践提前到学生的学习阶段，是对未来社会实践创新活动的模拟与雏形实验，弥补了传统学科课程教学远离真实社会生活的缺陷。巴克教育研究所提供的较为"正统"的项目式学习定义是：项目式学习是一种教学方法——在此过程中，学生通过一大段时间的工作，调查和回应一个真实的、参与式的或者复杂的问题、困惑或者挑战。项目式学习还可以被认为是一种在微缩、虚拟情境下的模拟生产（以及研究、探究）活动。

我们可以认为，项目式学习是一种教和学的新理念、新方式——在此过程中，学生在教师的帮助下，面对一个来自真实世界的挑战性项目任务，开展一段时间（短到 1 周，长到 1 学期乃至 1 学年）的合作学习，完成一件或多件项目成果，获得知识的习得和素养的发展。项目式学习是基于学科又超越学科的综合性学习方式，是一种与真实世界和生活实际紧密联系的学习方式，是一种旨在变革人类生存生活空间的深度学习过程。

PBL 最早出现于美国的医学院校，因教学方法有助于学生提高多方面的能力，因此开始在各大高校中被广泛运用。1986 年上海医科大学和西安医科大学首先引入 PBL 教学模式，但目前国内的 PBL 教学还游离于课堂、课本之外,不能与课程教学内容很好地融合。将PBL应用于中学教育教学中,顺应了新课改关于对学生核心素养的要求。在研究中注重项目的实践性,以学生关心的真实问题为切入点,充分地调动学生的学习积极性,是对育人方式、学生的多元化评价方式以及教师育人观念等做的有益尝试。

目前我们对项目式学习的研究价值体现为:

一是顺应新课改对育人方式要求的变化。学生获得一个研究项目后,以小组为单位充分利用现有资源,出具研究报告或者研究成品,这种教学模式非常适应目前课程改革对学生素质培养的需求。

二是新时代需要对学生进行多元化评价。对学生核心素养的几个方面进行多元化科学评估,而不是简单地否定,要让学生充满自信地愉悦学习。

三是教师育人观念要顺应时代发展。在中学教育教学中引入项目式学习,通过探究生活中亟待解决的问题,将已有知识与生活实际相结合,增加学生的学习兴趣,提高研究能力,强化创新意识,培养科学态度和科学精神。

(二)对几个关键词的理解

项目式学习是指在一段时间内,对真实问题进行规划分解,使用多种手段持续探究、协作实施,创造性地解决问题,形成公开成果并进行思维迁移的学习过程,其核心是学以致用。下面我们对其中关键词做逐一解释。

1.项目式学习中关键词的解释

(1)一段时间:学习需要时间。小项目所需时间短,大项目所需时间长,甚至穷其一生,与"活到老,学到老"

相应。

（2）真实问题：只有真问题才有挑战性，才能激发学生学习的主动性和创造性。

（3）规划分解：分解问题或项目，使大问题变成一系列小问题，大项目分解为一系列小项目，并为此制订计划，规划流程及进度。

（4）持续探究：持续，既与"一段时间"对应，也与项目完成后拓展或迁移到新问题、新项目呼应；探究是创新的基础，探究的方式包括阅读、观察、调查、访谈、思考、分析、讨论、体验、拓展、实验等。

（5）创造性解决问题：与众不同或别出心裁，有新意。创新既要探究，也要合作，探究学习和合作学习是项目式学习的核心。

（6）公开成果：一种可以展示的成果，可以是实体作品，如装置、模型等，也可以是虚拟作品，如研究报告、科幻、文艺作品等。

（7）思维迁移：从项目式学习中习得的知识、技能、方法，向更宽的领域、更深的方向发展。

（三）项目式学习的要素

根据项目式学习的定义，实施项目式学习可模拟计算机处理问题的过程简化为4要素，即情境、内容、活动、结果。

1.情境：对应于计算机输入。从生活、工作及自然情境中感知信息，提炼问题，并保持持续的兴趣和激情。

2.内容：知识、技能、方法。

3.活动：探究、交流、合作。

内容与活动,对应了计算机的处理。需要学习者经历一系列的计划、探究、协作活动,获得解决问题的知识、技能和方法。教师要注意依据学习目标,以"最近发展区"理念,围绕探究学习和合作学习设计课程,让学生"跳一跳可以摘到果实",或者通过合作"搭建人梯"获取所需。

4.结果:相当于计算机输出。分享学习过程,反思创作经历,优化项目作品,迭代智能升华。

(四)项目式学习的流程

项目式学习通常要经历选定项目、制定计划、活动探究、作品创作、成果交流、反思评价六大环节。

1.选定项目

从班级项目设计依据、实施步骤、预期效果、呈现方式等方面设计班级项目申报表,指导班主任整合各类资源,根据学校办学特色、班级学生发展特点、班主任自身特点、当前德育热点、象征意义的人(物)、优秀传统文化等确立自己的班级项目主题,提升班主任分析问题、整理材料、提炼主题的能力。例如,有的班主任设计了"书香闻道"作为班级项目主题;有的班主任结合自身擅长书法的优势,确立了"墨香润心"作为班级项目主题。再明确项目主题后还需设立项目标志,并指导学生明确项目标志的独特性、形象性、抽象性、互动性等特点,然后按"提出、互动、初稿、讨论、定稿"的流程组织开展班级项目标志设计,同时还要说明设计的创意,彰显具有特色的班级文化。

(1)项目范例:一个完整的项目范例就是一个完整的项目式学习示例,同样必须包含情境、内容、活动、结果四要素,通常路径为"情境→主题→规划→探究→实施→成果→评价"。

(2)项目选题:教师或课本应为学生提供与项目范例对应的知识、技能相关的三个以上选题供学生选择,学生在项目范例的阅读或观看中,可能会产生要解决某个真实问题的想法,从而可能形成自己的项目主题。注意,不论是课本或教师提供的选题还是学生自己提出的主题,都要把握"最近发展区"策略和保证问题的真实性,让学生通过探究、合作"跳一跳可以摘到果实"。

2.制订计划

制订计划包括"项目规划"和"方案交流"。

(1)项目规划:以小组为单位,学生围绕本组项目情况自定主题,对项目提出详细的规划,分解问题或项目,制订实施策略和方案,画出设计草图,提出预设功能或目标,并按各自特长分工协作,规划项目实施进度。

(2)方案交流:教师组织并指导学生针对各组制订的方案开展交流活动,通过讨论、启发形成可以真正实施的项目优化方案。

3.活动探究

面对真实项目,可能有许多问题用学生已经掌握的知识、技能并不能解决,因此,课本或教师必须引导学生通过活动探究了解去哪里获得和如何获得新的、有助于解决问题的信息,包括新知识、新技能、新方法。活动探究的方式包括阅读、观察、思考、交流、分析、讨论、拓展、调查、访谈、实验、实践、体验等。在活动探究中,要注意引导学生将探究学习与合作学习有机结合,在探究中合作,在合作中探究。

4.作品创作

作品创作与活动探究是相互依存、彼此交替的两个环节。在活动探究中有创作,如在探究学习某些知识、技能的过程中,可能要进行一些小项目的预实验、预体验等创新性尝试;在作品创作中有探究,如改进、优化、实现某一小项目,可能需要探究新的知识、技能,寻找新的方法。因此,作品创作就是一个从项目实施到改进优化的迭代过程。

5.成果交流

项目作品可以通过"成果展示"与"迭代优化"进一步完善。课本或教师应引导学生以小组为单位,运用数字化工具,将所完成的项目成果在小组和全班中,或在网络上进行展示与交流,在分享、交流中获得启迪或启发,不断改进、优化项目成果。

6.反思评价

反思评价包括过程反思、作品评价。评价是有效学习或有效教学的基本保证,因此,评价也是项目式学习的关键环节。课本或教师应根据学生的实际情况和具体的教学内容,制订切实可行、有效的"项目活动评价表",并引导各小组根据项目选题、拟定的项目方案、实施情况以及所形成的项目成果,开展项目式学习活动评价。

三、项目式学习的必要性

(一)项目式学习广义上的作用

项目式学习在促进深度学习、学会学习、做好事情以及创新发展等方面,有独到的作用。那么又为何要开展项目式学习呢？项目式学习,对于个人而言,是一种"活到老,学到老"的有效学习方法；对于一个学习群体而言,是教师需要掌握的一种培养学生创新意识和创新能力的有效教学方式。

1.从低阶认知迈向高阶认知

促进深度学习任务驱动、主题学习等传统学习方式的目的在于理解知识、掌握技能。局限于识记、理解、简单应用的低阶认知层次,一旦遇到真实问题往往让学生感到一筹莫展。而项目式学习,基于真实问题,既需要理解、应用、探究能力,也需要分析、评价、创新能力,因此能有效拓宽学生的学习范围,使学生的认知向高阶方向发展,促进他们学习向广度和深度发展,同时也培养他们对真实问题的解决能力。

2.培养"活到老学到老"的意识

年轻时,学习是为了理想,为了找份好工作；中年时,学习是为了充实,为了更好地工作；老年时,学习是一种意境,慢慢品味,乐在其中。作为人,要想活到老学到老,就必须学会学习,而项目式学习是一种最有效的学习方式,因而,我们要将项目式学习作为伴随一生的学习手段,并将其转化为一种能力。

3.训练工程思维

社会生活中的很多实践活动都属于工程活动,都需要工程思维。工程思维是以系统分析和比较权衡为核心的一种思维活动,其具有明确的目的性(把事情做成功)、周密的计划性(对工程进行整体规划,有计划地逐步实施)、典型的创新性(创造现实、塑造现实、改变世界,创造出新的存在物)等特点。工程思维的基本过程包括目标理念、结构设计、工程实现、精益求精等。工程思维讲究社会有效性、缜密性,追求成功的同时不允许失败。

项目式学习近似于一种做事的流程,其基本过程包括真实问题、规划设计、探究实施、迭代改进等,与工程思维的基本过程类似。但项目式学习具有容错性,允许失败,可以迭代改错,直到成功。因而,项目式学习是训练工程思维的一种最好的方式或手段。

4.创新成就人生

项目式学习的过程,是一个做中学、学中思、思中创并不断迭代的过程。从一定意义上讲,掌握并灵活运用项目式学习的方法于学习、工作、生活,能有利于创新,有利于自身的发展,成就人生。

因此,在基础教育阶段,我们应从幼儿园或小学开始,让学生奠定乐于学习、学会学习、发现问题、解决问题的基础,呵护或维护他们的好奇心和对学习的兴趣,让他们在探究、合作中成长,在创新、反思中发展。

(二)项目式学习狭义上的作用

基于班级项目的项目式学习不仅开发了一系列富有创意的班级项目,形成了具有一定特色的班主任校本培训方式,而且提高了学校整体管理效益。

1.提升班主任专业发展的意识与能力

"真正的管理是自我管理",基于班级项目建设的项目式学习,既提升了班主任的理论素养,也提升了班主任德育的科学性,更重要的是提高了班主任班集体建设的自主意识和能力。它要求以"项目"的思维方式去思考班集体建设,使班主任在谋划时必须系统考虑,既要思考班集体建设的目标,又要设计相关的内容和实施途径,有效地提升班主任班级管理的规划意识,让项目内容在面向学生时更具针对性和系统性。

2.营造具有特色的班级文化

基于班级项目建设的项目式学习使班级文化更贴近学生,更具操作性和独特性。在实践中,班级项目的开发和实施既体现学校的特点,又体现教师的特点和学生的实际,形成了具有个性化、特色化的班级环境、班级制度和班级活动,促进了学生的和谐发展。

3.改革学校的德育管理模式

基于班级项目建设的项目式学习改变了学校的德育管理模式,围绕项目建设,班主任树立了事事都是教育资源的意识,加强了自主管理,给班级增添了自主发展的活力。项目整合了资源,形成主题集中、融各种教育要求为一体的德育工作新局面:实训注重过程调控,避免了简单化和随意性,提高了科学评价水平。

4.促进学生综合素养的提升

基于班级项目建设的项目式学习体现了"师生、家庭、社区共建"的理念,在项目实施的过程中做到多方结合,不仅关注学生的认知水平,更关注学生的实践与体验,同时还关注评价机制,这对于学生综合素养的提升有着积极的意义。

▶▶ 第三章
班主任工作与项目式学习的结合

围绕班主任工作实践，我们提出了基于班级项目建设的班主任工作方式。所谓班级项目就是指一个班级依据学生实际以某一内容或形式为载体，整合德育内容和途径，通过项目名称的确定、标志的设计、目标的确立、内容的选择、途径的实施推进班集体建设，从而使学生在这个过程中不断实现成长的教育载体。基于班级项目建设的班主任工作，即把班级项目建设的过程当作对班主任进行校本教研的过程，形成集研究、培训、实践、提升为一体的班主任教研方式。

一、利用项目式学习引导学生"做中学"

（一）与项目式学习同为跨学科学习的STEM教育

STEM是科学（Science），技术（Technology），工程（Engineering），数学（Mathematics）英文首字母的缩略语，最早是

由美国国家科学基金会提出。

在 2006 年《国务院关于实施〈国家中长期科学和技术发展规划纲要(2006—2020 年)〉若干配套政策的通知》中要求在培养学生对科学和技术的正确态度及责任感上加大改革力度。而在以往常规教学模式中渗透 STEM 教育可以很好地完成国家课程改革的要求。

当提及 STEM 教育时,人们往往非常强调其跨学科性质。而 STEM 教育的原初宗旨是以科学教育为核心,为更好地学习科学、技术、工程、数学等学科而提出的整合教育形式。北师大中国教育创新研究院副院长魏锐认为,中国教育的学科融合,并不意味着否定分科,西方国家的全科教学被证明是一种不好的做法,而中国最大的优势就是分科教学。如何让 STEM 本土化并在学校真正落地呢? 北师大教授李春密觉得最核心的路径有两条:其一,与传统学科教学进行融合;其二,构建 STEM 课程体系。现阶段,即便这样的路径困难重重,但并不妨碍一些先行者进行尝试和努力。

将 STEM 教育融入高中物理教学,其研究价值主要有以下两个方面:一是完善对学生的评价方式和物理教学评价体系。目前试卷分数还是侧重考查学生对物理概念与应用的掌握情况,本课题研究的内容除了可以评价学生物理观念与应用掌握情况外,还可对核心素养的另外三个方面进行科学的评估。二是以 STEM 教育作为载体,可以更好地落实核心素养。在中学物理中引入 STEM 教学,使得学生可以在教师的引导下,通过一个生活中亟待解决的问题,让学生根据所学的知识想办法去解决,在解决问题的过程中将物理知识与生活实际结合,增加学生学习兴趣,提高探究能力,强化创新意识,培养科学态度和科学精神。

(二)跨学科学习的育人意义

1.提高学生物理学习兴趣,培养学生的动手能力、置疑能力、合作能力、互助能力。

高中生经过初中三年科学学科的学习,已经具备了一定的科学研究能力。对于高中物理教师来说,我们不仅要教给学生基本的知识与技能,还要让学生体验科学的研究过程与方法,树立正确的情感态度与价值观。学生要能将知识回归到现实生活,举一反三,看到所学知识的实际意义,为未来的职业选择和职业规划奠定坚实的基础。

传统的物理教学一纸试卷是评价学生的唯一标准,试卷考核主要评估的是学生对定理定义的理解和解题能力,无法考核学生的综合素养。学生会觉得学习物理知识就是为了做题、考试,与实际生活无关,长此以往学生对物理就会失去兴趣,觉得物理这门学科既抽象又枯燥,甚至会觉得我学这些知识有什么用处?因此,在教学中适度加入STEM教学,让学生运用所学知识解决实际问题,使学生感受到物理与自身生活环境和自身发展紧密关联。学生便会积极主动地获取知识,对学习物理感兴趣,在动手操作中提高解决问题的能力,在小组活动中提升合作和互助能力。

2.培养学生物理核心素养,采用STEM融合高中物理教学模式明确物理概念,培养科学思维,通过试验探究和设计工程模型培养科学态度与责任。

人类经历了农耕时代、工业时代和信息时代,技术手段的不断更新带来了生产力的不断提高,推动人类社会向更高层次发展。如今互联网大数据时代已经到来,人工智能在全球范围内掀起一场变革的浪潮。各个国家对于技术人才的培养都非常重视,而目前我国大部分地区采用的分学科教学,无法满足未来社会对人才的需求。

从发达国家的教育发展可以看出STEM教育在培养学生的科学思维能力、探究能力以及与人沟通能力发面,都取得了非常好的效果。因此,在这个时代背景下开展STEM教育非常重要。

3.提升物理教学的实践应用性,帮助学生端正学习态度,掌握学习方法,帮助老师改进教学和评价方法,更好地实现师生合作、生生合作、师师合作。

STEM教育强调的是一种探究式的学习方法,它打破了传统的教师教、学生学的方式,STEM教育是学生在教师的引导自下而上地建构知识。教师从解决生活实际问题出发,指导学生掌握核心概念,这种教学方式顺应脑的发展规律,会让正确的核心概念进入学生的潜意识,即变成直觉,并以此作为基础进行创新。

因为国情不同,我国的STEM教育不可能完全照搬国外的做法,需要结合国家与社会的发展现状,符合我国的教学模式。探究满足中国经济社会转型对人才培养要求的教育方案是一线教师的主要目标!

国际上STEM教育发展比较超前的是美国。《成功的K-12阶段STEM教育:确认科学、技术、工程和数学的有效途径》报告中,强调STEM是整合教育,重视通过对整合教育方案的有效设计,保障STEM教育效果。在全球范围内,特别是美国、英国、德国、以色列、芬兰、日本等发达国家,对于STEM教育研究与实践的重要性已被广泛认知,并作为国家发展及人才战略已经实施开展了多年。

目前,STEM教育已经被纳入国家战略发展政策,2016年我国国务院在《全民科学素质行动计划纲要实施方案(2016—2020年)》中指出,在高中阶段要鼓励探索开展科学创新与技术实践的跨学科探究活动。同年教育部在《教育信息化"十三五"规划》中明确提出,有条件的地区要积极探索信息技术在"众创空间"、跨学科学习(STEAM教育)、创客教育等新的教育模式中的应用。2017年教育部印发《义务教育小学科学课程标准》,倡导跨学科学习方式,建议教师可以在教学实践中尝试STEM教育。

目前我国中学理科教育实施的还是分科教学,教师教学参考的课程标准也是分学科制定。我们在前期认真研读了初高中物理的课程标准,发现虽然课程标准中没有明确提出对工程的要求,但是在STS这一方面提到了关心科学技术。同时目前高中物理的选修二系列侧重于从技术应用的角度学习物理,展示物理很强的实用性,鼓励学生将物理应用于实际生活中,解决实际问题。我国开展STEM教育的主要形式有以下几方面。

一是部分校外培训机构优先开展了STEM教育,是中国STEM教育的主力军。

二是我国很多公立学校建立了STEM专业教室,尤其是沿海地区，他们是课堂STEM教学的先行者。

二、我国STEM教育的具体研究

我国的STEM教育研究成火热发展态势，研究数量爆发式增长，且2016年尤其多，据统计这一年发表的STEM论文接近300篇。但是这些研究几乎都是以基础研究为主，主要是关于STEM的内涵、国外STEM教育的研究和对学生发展的作用，能在实际教学中开展STEM，并总结相关研究结论的很少，指导实用性较差。

把STEM教育引入到高中教育中，在高中以分学科教学为主的大背景下，如何将STEM教育渗透进高中日常教学中，这需要我们一线教师进行更深层次的研究。

（一）研究的目标

1. 探索适合将STEM教学模式融入高中物理的教学案例。

2. 整合物理教学与实际应用。

3. 调研STEM教学模式如何实现将创造思维融入物理教学。

4. 调研STEM教学模式如何在物理教学中提升学生综合能力。

（二）研究的内容

1. STEM发展的国际背景与国内发展基础。

2. STEM融合高中物理教学模式有利于提高学生对物

理学习的兴趣,有利于培养学生学习的主动性。

3.分析融合高中物理教学模式中物理科学、技术、工程与数学的STEM如何配比更有利于培养学生的科技理工素养。

4.讨论融合高中物理教学模式的STEM输出何种工程模型更利于学生突破物理知识重难点,以提高学生学习能力。

5.如何实现融合高中物理教学模式的STEM更加合理地实现学生分组和培养他们的合作精神及表达能力。

6.融合高中物理教学模式的STEM出现的常见问题,分析其原因、措施和解决途径。

（三）研究的方法

1.问卷调查法:通过问卷调查STEM教育融入物理教学有利于提高学生对物理学习的兴趣,培养学生学习的主动性和培养学生核心素养。

2.观察法:观察STEM融入物理教学过程中学生的表现。

3.文献研究法:研究STEM教育的有关文献作为理论和实践的指导。

（四）研究的过程

1.开题阶段

（1）课题论证

成立课题研究小组,学习相关理论、文件。2016年教育部出台的《教育信息化"十三五"规划》中明确指出,有效利用信息技术推进"众创空间"建设，探索STEM教育、创客教育等新教育模式，使学生具有较强的信息意识与创新意识，养成数字化学习习惯，具备重视信息安全、遵守信息社会伦理道德与法律法规的素养。

STEM教育就是融合科学、技术、工程、数学的教育，其重点是加强学习个体四个方面素养的整合：一是运用科学常识了解并加入影响自然界的进程，即为科学素养；二是应用、管理、理解技术的水平，即为技术素养；三是对技术工程设计与开发，即为工程素养；四是学生使用数学知识发现、处理多种情境下问题的能力，即为数学素养。美国政府正在进行的STEM教育，也是尽可能不断加大科学、技术、工程和数学各方面教育的投入，主张学生在重点修习科学、技术、工程和数学领域的同时培养学生的综合科技理工素养。

当老师将STEM教育引入中小学课堂之中时，可将4种素养看作4种不同颜色的彩色线条，恰到好处地将其交错和融汇在一起，尽可能编织出多彩的美丽画卷。STEM教育必须要"做中学"，必须要操作，没有一定质量和数量的操作就不是STEM教育，而且必须要有设计，有了学生自主设计才能算是工程，还必须要有成形的产品，以上这些有效地融合才是技术、工程和技术全部体现在"做中学"上。

STEM的综合性评价方法跟传统每个学科的单独性评价方法有很大差异。原始的学科的单独性评价是知识获得的评价，一般通过学科考核来完成，而STEM的综合性评价不是简单的学科考核，而是以工程产品作为主要标准。

最重要的是,在综合性评价的过程中要着重了解,在什么情景下学生能学到,在什么情景下学生学不到,Yes or No 的时代已经过去了,这些注重过程和特征的评价才是我们需要的。形成综合性评价更多需要教师在指导和观察学生中纪录他们的每一段学习进步,再对学生进行评价。

（2）组织有关人员编写调查问卷

通过研究相关文献我们发现,国内外对于STEM教育的研究方向不太一样,国外研究比较重视具体STEM教育实施的内容研究,较缺少理论研究;而中国的研究集中在理论部分,对具体实施的研究较少。

从组织人员筛选有效卷或无效卷、学生对于STEM的认知与态度、学生的科技理工素养、培养学生学习的主动性、分组培养学生团队合作、学生表达能力六个维度来编写调查问卷如下。

学生对基于STEM融合物理教学的态度调查问卷

性别＿＿＿＿＿＿ 年级＿＿＿＿＿

为了能够了解学生对基于STEM（科学、技术、工程、数学）融合物理教学的态度,进而为老师改进教学策略提供依据,请根据你真实的学习感受,认真阅读以下问卷并选择符合你实际情况的选项。（1.非常赞同 2.赞同 3.一般 4.不赞同 5.非常不赞同）

题号	题目内容	1	2	3	4	5
1	我愿意学习更多的科学知识					
2	我觉得学习科学很无聊					
3	我认为科学知识能够合理解释和预测自然现象					

题号	题目内容	1	2	3	4	5
4	我认为实验和观察是获取科学信息的重要来源					
5	我认为科学知识有助于我们解决日常生活的问题					
6	科学重要且有价值					
7	将STEM融入物理课堂有助于提高我的动手能力					
8	将STEM融入物理课堂有助于提高我的表达能力					
9	将STEM融入物理课堂有助于提高我与同伴的合作能力					
10	将STEM融入物理课堂有助于提高我处理复杂问题的综合能力					
11	将STEM融入物理课堂有助于我遵循工程设计周期去设计实验					
12	我接受物理课与其他学科交叉互动学习					
13	我希望教师善于组织课堂活动,调动课堂气氛					
14	我希望教师鼓励我参与课堂的各种活动					
15	物理课程中有非常多的动手实践活动					
16	物理课程内容有一定难度,具有挑战性内容					
17	物理课程中所融入的技能是我所缺少的					

题号	题目内容	1	2	3	4	5
18	如果在物理课上遇到问题，我会自己思考解决的办法并尝试可能的方案					
19	我很适应分组学习模式					
20	我认为有共同爱好的分组有助于我的学习					
21	我认为小组合作学习对于我学习新知识的帮助很大					
22	在分组学习模式下，我的能力得到了锻炼和提高					
23	我喜欢独立学习思考，但遇到问题也喜欢和同学讨论					
24	听老师讲解知识时，我往往联想起与此有关的事例					
25	对实验课，我不太重视，也不怎么喜欢动手去做实验					
26	学习比较抽象的材料时，我总是努力联系实际，或举出一些具体的例子去说明它					
27	我重视学习经验的总结，并时常和同学交流学习经验					
28	我不善言辞，课堂发言往往不能把自己想说的表达出来					
29	将STEM融入物理课堂有助于我认识到设计实验的重要性					
30	班级分组中，项目完成后应该进行等级评定					

（3）拟定课例方案

物理组在各个年级教学中一直坚持让学生贯彻全面教育发展理念，以培养学生物理学科核心素养，以学生可持续发展为基本目标。为此，物理组整个团队勇于探索多种新的教学模式，例如，STEM教学模式融入高中物理教学初步尝试、分层走班教学、微信答疑、微课、猿题库等辅助教学、模拟实验室辅助电路实验、问题导学教学模式、自制教具辅助教学……并在高中年级形成《生活中物理》《物理趣味实验》《机械制图初步》等校本课程体系，指导学生社团活动，重视活动化教学，倡导"学中做"和"做中学"，让学生体会到将物理基本知识应用到各项技术中的喜悦，在愉快自信中培养学生进一步学习以及探索、创新的兴趣。

STEM教育最富有魅力和特性的地方就是把"E"即工程教育结合实际，并更为直观和切实地将其引入中小学课堂。以前工程教育是大学教育的专利品，但是在大学教育过程中发现工程教育的思维和素质到大学再培养就有些迟了，所以工程教育被引入到中小学。在美国工程教育能够挤进学校教学目标的体系也不是非常普遍，只有九个州把工程纳入科学教育标准中，但是STEM教育在中国发展得非常快。本课例实施阶段分为以下5个部分：

①结合参观提出工程问题。

②整合物理科学和生活实际猜想引出工程任务。

③整合技术利用实验器材设计工程模型，展示成品效果。

④整合数学，解决简单工程实际问题。

⑤教师根据解决问题过程和最终模型的呈现对学生进行等级评价。

工程问题是课程的主要内容,案例尽可能呈现 STEM 教育的典型特征。首先,从目标的设定来看,它围绕科学、技术、工程、数学来制定预设目标,整个项目的推进都旨在实现这些目标。其次,从实施流程上,它围绕生活实际的任务,开展项目式学习。它关注四大领域的全面渗透发展,而并不只重点关注 STEM 科学教育领域。

未来的学习很多可能都是不变的。学科没变,变得是学科整合了;知识没变,变得是把这个核心的知识整合在一起了。未来的教育是深度学习,知识能力归纳到最核心的能力就是"6C 能力",即 21 世纪核心能力。STEM 提供了很好的途径,学会做学习共同体,都为终身学习服务。

2.中期阶段

(1)理论方面

①我们设计了调查问卷,形成了调查报告。

②通过调查问卷的结果和每周集体教研的讨论,我们认为 STEM 中的"T"和"E"——"技术"和"工程",是高中阶段学生接受 STEM 教育模式的弱项,而这两项恰好是 STEM 教育评价的主要标准。能否让学生在学习科学知识后运用数学工具,合理地设计出工程产品,是我们主要的努力方向。

③我们提出的解决策略:利用多媒体演示、课堂教具实验来增强学生在课堂上的参与程度,利用互动来强化感知,最大效率地利用课上时间完成对所学科学内容的理解;在完成科学知识的学习后,引导学生设计相应的工程

图纸或实践方略,并利用简单设备,设计并制作出相应的工程模型,促进其知识从具体到抽象的转化。实地参观工程厂区,在真实的工程情境中展开设计与探索,使学生保持旺盛的求知欲。

(2)实践方面课例展示

①在《电能的输送》课前,侯霞老师在校外组织学生参观了天津滨海新区的北疆发电厂和大神堂风电场。课堂教学中,在学生探索和理解了变压器的主要构造和作用后,侯老师引导学生通过模拟输电实验探究和原理分析,对输电电压、电流、损耗功率等进行了具体计算,并在此基础上绘制设计研究了输电线路功率损耗的电路图。学生可以根据图纸模拟输电线路在实验室进行探究——如何测量和获得输电线上损耗功率大小,进而通过各组的不同设计,共同优化出最佳设计方案。

本课例充分体现了STEM教育模式的特点。学生通过电厂实地参观和自身设计的对比,在项目式学习中充分领悟STEM教育的魅力,对课本知识和相应的物理模型加深理解,同时加强学生对科学原理与生活实践之间联系的认识。

②姚懿玲老师在《弹簧的弹力》一课中,运用STEM教育思想,在引导学生通过实验得出弹簧受力后形变长度的变化与弹力的关系后,让学生分组合作设计自制弹簧测力计,并尝试利用自制弹簧测力计测量某特殊物块的重力。在本课例中,一部分学生在科学知识和数学论证均完成的前提下,面对弹簧、刻度尺和砝码等实验器材一片茫然,无从下手。通过姚老师的引导和同组同学的积极合作讨论,

所有学生都完成了自制测力计和测量特殊物块重力的任务。本课例解决了在传统课堂教学中很难显现的实践问题,学生在完成设计项目的过程中加深了对工程设计应用的理解,在遇到问题和解决问题的过程中提高了自身的能力。

③王旭老师在《力的合成》一课中,利用力学传感器将"互成角度的两个力合成"这一抽象问题图像化、形象化,并引导和鼓励学生操作使用力学传感器,深入地讲解了"矢量大小与几何长度大小无关"这一学生思维盲区。

④李莹老师在《平面镜成像》一课中,面对初二年级学生因材施教,引导学生利用课上所学平面镜知识设计工艺品"魔术盒"。在增加课堂趣味性的同时,该设计环节使学生对课本知识与工程设计运用有了新的认识。

(3)研究的疑难困惑

①STEM教育需要的是完整团队合作学习的进程,作为整个STEM教育的核心,教师需要做更完善的整合工作。

②课堂教学的工程设计走向生活化,课堂工程设计走向效率化等方面还有待提高。

③评价系统需要更加完善。不仅整体的跨学科评价对我们是一项挑战,如何对STEM教学各个不同过程中实施不同标准的量化评价,更是一项艰巨的任务。

3.结论阶段

自2018年初展开《基于STEM的高中物理多学科融合教学模式改革探索》以来,制定了完整的研究计划和实施方案.以保证研究的有序进行。

首先针对学生对STEM融合高中物理教学模式是否感

兴趣,是否利于培养学生学习的主动性和积极性以及在培养学生动手的事件操作中怎样合理地进行学生分组和培养合作精神、表达能力方面制定了调研问卷。探究学生在主观意识上对STEM融入物理教学是否存在兴趣以及以何种形式融入更能被学生接受,更能有效地激发学生学习物理的兴趣,以此培养学生的思维能力、动手能力。从全校调研问卷的结果可以看出不管是男生还是女生、高年级还是低年级,他们都希望改变现有传统的单科教育模式。希望其他学科知识能融入物理学科中,学生感到这样的结合可以使学习内容更为系统、完整,把本来枯燥的物理原理变得生动活泼,在应用上能更贴近生活实际,使物理知识变得丰满。调查可以看出STEN融入物理教学,通过项目的完成能让学生挑战自己,跳出固有的思维方式,一起与团队合作解决问题。整个学习过程有学生有更多的自我思考过程和探索机会,可以让学生更深刻地理解和掌握物理知识原理,从而培养他们的综合能力,让学生学习变得愉快而有意义。总之STEM融入物理教学对提高学生学习的主动性和积极性,以及能力的培养有着非常大的帮助。

以问卷的结果为基础,精心设计了几节将STEM教学理念融入物理教学的物理课,教学内容基于现实生活中的实际问题,以物理原理为主,以工程设计过程为目标,让学生成为科学探究的主体,以探究式和项目制参与到解决问题的过程中,让学生提出自己的解决思路和解决办法来完成目标。从课堂效果可以发现融合后的课堂充分调动了每位学生的积极性,一改以往物理课堂的沉闷气氛,学生思维活跃积极参与学习的每个环节。一起想办法,一起动手完成目标任务。可见实物情景教学,能激发学生求知本能,引导学生如何去探究,如何去思考问题。

现在的学生缺乏一种创造性地解决问题的能力,而STEM 代表着一种现代的教育哲学,其要求学生动手动脑,让学生自己动手完成他们感兴趣的、和他们生活相关的项目,使学生注重动手、注重学习的过程,从过程中学习物理学科和跨学科的知识。在过程中让学生发表不同的观点,尝试不同的想法,在不断试错中发现问题、分析问题和解决问题。在动手实践过程中培养学生的创新意识、科学的思维方式和解决问题的能力,激发学生与生俱来的创造力潜能。

在任何一个推动社会文明的创造发明中,科学、数学、工程、技术之间是有着一种相互支撑、相互补充、共同发展的关系的。物理科学知识绝不可能够独立其中,只有在与其他知识的交互运用中,才能实现对物理知识深层次地理解、才能灵活应用,有效培养学生的能力。

(五)研究的成果

1. 论文成果

研究过程中的阶段性成果,侯霞老师的《将 STEM 教育融入高中物理教学的案例实践》发表在天津教育 NO546期,同时获得教育创新区级二等奖。侯霞老师在市级教研活动中发表《聚焦核心素养,促进学生发展》的讲座,该讲座将 STEM 教育如何融入高中日常教学做了课例说明,取得了非常好的反响。张玉杰老师在市教研活动中做了专题讲座,并将讲座内容整理出来获得教育创新区级三等奖。

王玉杰老师在2018年指导学生在天津青少年科技创新大赛WER工程创新赛获三等奖,2018年指导学生在天津青少年科技创新大赛FLL机器人工程挑战赛获一等奖,2017年《探究外力对物体做功与速度变化的关系》在天津市中小学实验教学说课活动中获和平区二等奖,2016年中小学实验教学说课活动中获和平区二等奖。

2018年苏艳波老师将平时教学中的案例进行总结,并用其参加了《新实验教学与科学实践教育活动案例》的征集活动。

张苏老师赴美培训后,在《和平教育》2018年增刊中发表了《用合作创新推动STEM教学的发展》。

2.课例成果

组内部分老师做市、区、校级公开课,展示了"STEM融合高中物理教学模式在提高学生对物理学习的兴趣和培养学生学习的主动性和学习态度"等方面的积极作用。

侯霞老师带领学生参观滨海新区的北疆发电厂和大神堂风电场发电厂,在真实的电力工程情境中让学生展开对输电工程的了解,又在学校课堂中组织学生积极主动参与到探究工程问题、完成工程设计任务的过程中,由参观的发电过程引发他们对于输电过程的思考。侯霞老师做市级公开课《电能的输送》是STEM教育融入高中物理的一次非常成功的尝试。

姚懿玲老师运用STEM教育思想,在《弹簧的弹力》一课中引导学生通过实验得出弹簧受力后形变长度的变化与弹力的关系后,让学生分组合作设计自制弹簧测力计,并尝试利用自制弹簧测力计测量某特殊物块的重力。

李莹老师做区级公开课《平面镜成像》,姚懿玲和王旭老师分别做校级展示课《弹力》和《力的合成》。在传统课堂中融入 STEM 教学,学生通过设计、制作相关教具,让学生对知识的掌握更加牢固,取得了非常好的学习效果。

这些公开课在天津市、区的课堂教学研究中起到创新、示范和引领的重要作用。有的已开始在我校及和平区各校的日常课堂教学中推广应用,并取得良好效果。

3.带领学生比赛获奖情况

2018 年 6 月,王玉杰老师指导的高一学生在天津市青少年机器人竞赛中获得两个一等奖、一个二等奖和一个三等奖。

2018 年 10 月,苏艳波老师指导高一学生参加 DI 创意大赛,获得舞台展示+科技(高中组)市级二等奖。

这些事例证明经过一段时间 STEM 的教学,学生在科技发明、动手制作等方面有了很大的进步,对培养学生的科技理工素养起到了很好地效果。

4. 研究报告

撰写的 15000 字以上的研究报告,主要对如何实现 STEM 融合高中物理教学模式,好更加合理地实现学生分组和培养合作精神,对表达能力和 STEM 融合高中物理教学模式中出现的常见问题分析原因、措施和解决途径等问题进行总结。

5.问卷结果分析

（1）调研问卷数据分析

分别对 A 非毕业班年级（高一、高二年级）和 B 毕业班年级（高三年级）各60人进行问卷调查。

同时赞同或反对题目：愿意学习更多的科学知识和题目；觉得学习科学很无聊的问卷为无效卷。其中，A 样本有效卷为54份，B 样本有效卷为56份。

①反映学生对于STEM的认知与态度

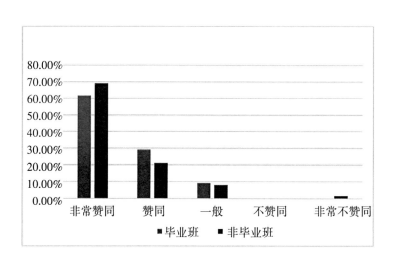

从总体上看，大部分学生还是认为通过实验和观察来获取科学信息，有助于帮助我们解决日常生活中的问题，进而对自然现象进行合理的解释和预测。科学对于学生来说是十分重要的，并且具有重大的研究价值。并且，从数据上看，毕业班年级由于学习物理学科的时间更长，对于每个观点的认同度也更高。可见，在高中阶段将STEM

融合物理教学具有极其重要的研究意义。

②关于培养学生的科技理工素养

从调查结果可以看出,几乎有接近或超过90%的同学认为将STEM融入物理课堂可以帮助他们提高自己的动手、表达以及与同伴合作的能力,可以帮助他们提高自己处理复杂问题的综合能力,有助于帮助他们遵循工程设计的周期去设计实验,并在这个过程中逐渐认识到设计实验的重要性。同样的,高三年级学生对这些观点的认同度更高。

③关于培养学生学习的主动性

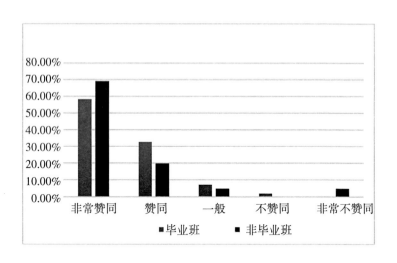

从调查结果上看,几乎超过90%的学生能够接受物理课与其他学科交叉互动学习,希望自己的物理教师善于组织课堂活动、调动课堂气氛,希望教师鼓励自己参与课堂的各种活动。物理课程中有非常多的动手实践活

动,课程中所融入的技能正是自己所缺少的。如果在物理课上遇到问题,也会自己思考解决的办法并尝试可能的方案。并且高三年级学生对于这些观点的认同度较非毕业班年级更高。可见,通过将STEM融入物理课堂,有助于提高学生对物理学科的学习兴趣,培养学生学习的主动性。

④关于分组合作培养学生团队合作

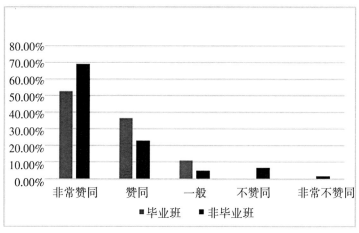

可见,只有个别学生不适应分组学习模式,学生希望与有共同爱好的同学在同组学习,认为这样有助于自己的学习,对于自己学习新知识的帮助很大。在分组学习模式下,自己的能力得到了锻炼和提高。高三年级的学生更愿意通过分组学习来获得新的知识和提高自己各方面的能力。对于项目完成后的评价方式学生们的认同度还不够高,在未来的教学过程中寻找更加合理的分组和评价方式,可以更好地培养学生的合作精神。

⑤针对学生表达能力

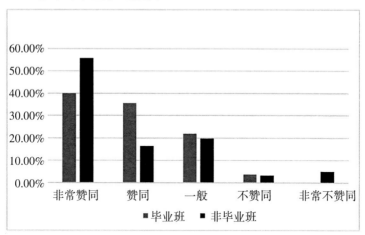

接近90%的学生在遇到问题时喜欢和同学讨论，70%的学生重视学习经验的总结，时常和同学交流学习经验，并能在课堂上发言把自己想说的话表达出来。但对于非毕业班年级，他们能力还有待进一步地提升，更早将STEM融入物理课堂能够帮助学生更好地培养自己的表达能力。

⑥关于培养学生物理学习的兴趣

从问卷的结果我们可以看出，超过90%的学生听老师讲解一种知识时，自己往往还能联想起与此有关的一些知识事例，在学习比较抽象的材料时，也总是努力联系实际，或举出一些具体的例子去说明它。超过80%的学生重视实验课，而且自己喜欢动手去做实验。非毕业班年级的学生在这方面和高三毕业班年级的学生存在差距，需要我们在学生对物理学科的学习充满兴趣的基础上，将STEM融入物理课堂以便更好地培养他们的学习兴趣和动手能力。

（2）数据分析表格

①数据分析

调研目的	题目内容	问卷结果分析
用以筛选有效卷或无效卷	1.我愿意学习更多的科学知识 2.我觉得学习科学很无聊	同时赞同或反对题1愿意学习更多的科学知识和题目2觉得学习科学很无聊的问卷为无效卷。A样本有效卷为54份，B样本有效为56份
反映学生对于STEM的认知与态度	3.我认为科学知识能够合理解释和预测自然现象 4.我认为实验和观察是获取科学信息的重要来源 5.我认为科学知识有助于我们解决日常生活中的问题 6.科学重要且有价值	大部分同学还是认为通过实验和观察来获取科学信息，有助于帮助我们解决日常生活中的问题，进而对自然现象进行合理的解释和预测。科学对于学生来说是十分重要的，并且具有重大的研究价值。并且，从数据上看，毕业班年级由于学习物理学科的时间更长，对于每个观点的认同度也更高。可见，在高中阶段将STEM融合物理教学具有重要的研究意义
培养学生的科技理工素养	7.将STEM融入物理课堂有助于提高我的动手能力 8.将STEM融入物理课堂有助于提高我的表达能力 9.将STEM融入物理课堂有助于提高我与同伴的合作能力 10.将STEM融入物理课堂有助于提高我处理复杂问题的综合能力 11.将STEM融入物理课堂有助于我遵循工程设计周期去设计实验 29.将STEM融入物理课堂有助于我认识到设计实验的重要性	几乎都有接近或超过90%的同学认为将STEM融入物理课堂可以帮助他们提高动手、表达以及与同伴合作的能力，可以帮助他们提高处理复杂问题的综合能力，有助于帮助他们遵循工程设计的周期去设计实验，并在这个过程中逐渐认识到设计实验的重要性。高三年级学生对这些观点的认同度更高

②数据分析

调研目的	题目内容	问卷结果分析
有利于培养学生学习的主动性	12.我接受物理课与其他学科交叉互动学习 13.我希望教师善于组织课堂活动，调动课堂气氛 14.我希望教师鼓励我参与课堂的各种活动 15.物理课程中有非常多的动手实践活动 16.物理课程内容有一定难度，具有挑战性内容 17.物理课程中所融入的技能是我所缺少的 18.如果在物理课上遇到问题，我会自己思考解决的办法并尝试可能的方案	几乎超过90%的学生能够接受物理课与其他学科交叉互动学习，希望自己的物理教师善于组织课堂活动、调动课堂气氛，希望教师鼓励自己参与课堂的各种活动。物理课程中有非常多的动手实践活动，课程中所融入的技能正是自己所缺少的。如果在物理课上遇到问题，也会自己思考解决的办法并尝试可能的方案。并且高三年级学生对于这些观点的认同度较非毕业班年级更高。可见，通过将STEM融入物理课堂，有助于提高学生对物理学科的学习兴趣，培养学生学习的主动性
分组合作培养学生团队合作的能力	19.我很适应分组学习模式 20.我认为有共同爱好的分组有助于我的学习 21.我认为小组合作学习对于我学习新知识的帮助很大 22.在分组学习模式下，我的能力得到了锻炼和提高 30.班级分组中，项目完成后应该进行等级评定	只有个别学生不适应分组学习模式，学生希望与有共同爱好的同学在同组学习，认为这样有助于自己的学习，对于自己学习新知识的帮助也很大。在分组学习模式下，自己的能力得到了锻炼和提高。高三年级的学生更愿意通过分组学习来获得新的知识和提高自己各方面的能力。对于项目完成后的评价方式学生们的认同度还不够高，在未来的教学过程中寻找更加合理的分组和评价方式，可以更好地培养学生的合作精神

③数据分析

调研目的	题目内容	问卷结果分析
针对学生表达能力	23.我喜欢独立学习思考,但遇到问题时也喜欢和同学讨论 27.我重视学习经验的总结,并时常和同学交流学习经验 28.我不善言辞,在课堂上发言往往不能把自己想说的话表达出来	接近90%的学生在遇到问题时喜欢和同学讨论,70%的学生重视学习经验的总结,并时常和同学交流学习经验,并能在课堂上发言把自己想说的话表达出来。但对于非毕业班年级,这些能力还待需进一步的提升,更早将STEM融入物理课堂能够帮助学生更好地培养自己的表达能力。
培养学生物理学习的兴趣	24.听老师讲解一种知识时,我自己往往还联想起与此有关的一些知识事例 25.对实验课,我不太重视,而且我也不怎么喜欢动手去做实验 26.学习比较抽象的材料时,我总是努力联系实际,或举出一些具体的例子去说明它	超过90%的学生听老师讲解一种知识时,自己往往还联想起与此有关的一些知识事例,在学习比较抽象的材料时,也总是努力联系实际,或举出一些具体的例子去说明它。超过80%的学生重视实验课,而且自己喜欢动手去做实验。非毕业班年级的学生和高三毕业班年级的学生在这方面存在差距,需要我们在学生对物理学科的学习充满兴趣的基础上,将STEM融入物理课堂以便更好地培养他们的学习兴趣和动手能力

6.问题与建议

(1)调研问卷数据可以进一步挖掘和分析,以探索STEM教学融合物理教学对不同学生的影响。

(2)可以加入案例分析法,访谈学生对STEM教学融合物理教学的感受。

(3)进一步开展更多的STEM教学,同时融合物理教学的教学案例,深入新的教学模式的实践。

三、利用项目式学习挖掘班主任自身潜能

基于班级项目式学习的班主任工作,注重发挥班主任的主体作用,引导他们"自我实现"。班主任在工作过程中要承担受训者、设计者、参与者等多种角色。

(一)锻炼线上教育教学能力

2020年是一个特殊的春节,一场突如其来的新冠疫情打乱了我们年夜饭的节奏。

特殊时期班主任的担当要求立本岗,有作为。作为班主任,接到学校指令的第一反应就是让学生学会自我保护,居家安排好假期生活,配合学校指令安排好自身健康情况的监测和每日体温报告。举着手机从中午一直忙到晚上六点,才想起年夜饭还没有准备。看着一个屋躺着七十岁不慎摔倒导致腰椎压缩性骨折卧床不能自理的母亲,另一个屋躺着由于担心母亲病情诱发二次急性心梗,刚刚手术治疗出院的父亲,独生子女的无助再次涌上心头。

特殊时期接到了2020年2月10日不能如期开课的消息,也接到了教研员让我录制开学第一节微课的邀请。从找多媒体资料到学习录课软件操作,再到反复录制,真正觉得比上一节面授课难得多,语言不仅要简练明了,更要准确清晰,我一小节八分钟的视频就录制了十几遍,只为疫情在家的学生听到第一节物理网课的时候能够感到生动易懂,也是我能在抗疫期间立足本岗做出的一份贡献。

微课受到教研员的高度评价,被作为优秀课例推荐参加天津市首届中小学精品微课程遴选活动。

我所任的备课组是由我和两个徒弟组成的,他俩都没有高中教学经验,所以不能见到我、不能课堂听课、不能跟学生面授的种种变化给他俩带来更多的不自信。为了保证全年级的教学质量,我们三人每天坚持做网上教研,从直播软件的选择使用,到课堂每句话的准确程度,做到每个学生都能听到高质量的课程。我还被邀请在区级网络教研会议中做网上授课的经验分享,得到兄弟校同行"务实高效"的好评。疫情无情,但不能阻断我校与甘肃定点校互帮互助的情谊。我带领物理组与甘肃会宁四中和靖远一中的物理教师结成帮扶对子,通过网络微信与他们交流教学内容和经验,把经过整理的练习题与他们共享,虽未曾谋面但心意相通。

同时班级里看惯了的几十张笑脸也同样让我牵挂。由于选课走班的特殊机制,我能教授物理课程的学生只占班级的四分之一,其他同学我如何才能知道他们是否适应线上学习呢? 有没有打盹有没有开小差呢? 不知是不是操的心太多,居家教学期间我的白发突然都变多了。部分家长先于学校复工复产,没有了家长监督的孩子更令人不放心。于是我每天与任课老师沟通,了解每个学生的线上出勤和作业反馈情况。还组织了特殊时期年级主任、任课教师、全体学生和家长的大型线上家长会,为家长了解学生线上学习情况,创造环境,让复工复产的家长更安心放心。组织学生进行有意义的线上班级活动,如网络学习经验分享、精品读书会分享,引导学生科学安排居家学习时间。对医护人员子女更是做到每天联系,给予生活和学习上的最大关注。

清明节期间,我们开展了祭英烈主题班会,为奋斗在一线不幸感染的医护人员默哀,更帮助同学坚定了为科学发展而读书,为祖国繁荣兴盛而读书的理想信念。表率与凝聚力交织下,微班会、线上学习交流会如火如荼,值日班长每日督促体温零报告,大家共识在自己的工作和学习岗位上精益求精就是最好的"丹心报国家"。我还表率为武汉、甘肃、妇女儿童发展基金会进行捐款,随后多名同学也加入了捐款的行列。

(二)教育要爱有度,严有格

我怀着虚心、爱心、执着心,本着"爱而有度,严而有格"的理念,通过"创办班刊教育平台""创建民主管理制度""传承传统感恩文化""开展丰富实践活动"等步骤引领学生自主发展并实现家校共育。所带班级六年评为区级三好班集体,2017年评为市级三好班集体。学生杨淋臣被评为2017年全国最美中学生。受聘于和平区优秀班主任讲师团成员到各兄弟校进行宣讲交流,事迹入选《和平追梦人风采》,并多次报道于天津教育报和兄弟校公众号。

1.提升日常教学能力

在教学方面做到重基础,提能力。常年三个班的大工作量使我与更多学生家长结下善缘,十余年高三毕业班工作是我积累经验的高效途径。我形成"向课堂要效率,结合实际学知识"的教学风格,近年来还提出"将STEM融入高中物理教学"的教学模式,课题立项于天津教育学会并已结题。引领物理组重视理论与实践的结合,着眼于提高学生的科技素养和操作能力,在高一、高二年级开设了"STEM与力学""STEM与电磁学"的校本课程,推动学生动手动脑。多名学生高考成绩优异,在高考中取得满分并在全国物理竞赛中获奖。多次在市区教研活动中做展示课和专题发言讲座,多篇论文获奖并发表于国家、省级刊物,参与编写多本教学用书和校本教材。

2.指导青年教师担任班主任

在指导青年教师方面做到厚储备,图创新。担任学科组长五年和备课组长十年,辅导学科组教师王玉杰做市级讲座一次,苏艳波"一师一优课"获部级优课,其他青年教师区级、校级展示课以及撰写论文和案例若干,分获市区级奖项。担任王旭老师和姚懿玲老师的教学和班主任师傅,指导论文和各种比赛获得市区校级奖项。作为天津市教育学会"十三五"教育科研规划课题、和平区重点调研课题的负责人,这些课题均已结题。担任王旭、王丹丹、刘娜老师的班主任师傅,勤于交流,悉心指导,取得了良好效果。

执教二十余年,让学生热爱家国、热爱班级、热爱科学、热爱物理,就是一直以来不断追求的目标。

四、在学习同伴中激发班主任自身潜能

我担任班主任工作时间并不很长,换句话说,我还是这个岗位上的"新"兵,如果说有什么工作方法,应该就是

我从那些身怀绝艺的老江湖们身上"偷学"的技能并加以自身个性化的发展。

（一）德高育桃李——陈涛老师的家庭式温馨

陈老师是我在二十就读期间的班主任以及工作后的搭档，印象最深的一句话就是当我们卫生做得不好的时候陈老师总是说："看看咱家还像话吗？"作为班集体中的一员，我亲身体会到同学们之间的亲密、互助，所以对我的班级，第一个要灌输的就是家的理念。我对同学们说："关上教室门你们有46个名字，但只要打开门，连我在内咱们47个人只有一个共同的名字，就是高二六班，我们共同进退，共担荣辱。"我们编写班级日志，创办双语班刊《逐光》，开展班级活动，关心时事，增进情感。为了增加归属感，同学们酝酿半年填词谱曲，创作了班歌——《美丽的梦想》，还设计了特色班徽。当这些小伙子和姑娘在出游的大巴车上一起唱起属于我们自己的歌，在楼道里佩戴上属于我们自己的标志闲逛时，流露出的就是对于班级的自豪感和维护集体的责任感。说到出游，感觉实践活动真的是增加集体凝聚力的最佳方式，无论是参观电厂的空隙大家打水漂、做游戏，还是参观周邓纪念馆时感受春日暖阳、盎然生机，暂时脱离了学习而聚在一起的孩子们更加珍惜身边的伙伴，懂得照顾队友和强化团队观念。

（二）旁观半袖手——张椿楠老师的自主式管理

与张老师搭档的两年正是她最忙的时候，但作为任课教师,可以感到班级秩序井井有条,大事小事总有人站出来解决。班主任是细致活,更是辛苦活,学着抓大放小,既给学生留有空间,也给自己留有喘息的机会。班级核心无疑是班委会,我借鉴和发展了张老师的值日班长制度,每天都有一位班委执勤统管班级事务,大到学校开会,小到卫生、午自习,每日责任到人,每人熟悉所有管理流程,既任务均衡,又增加了每个人的使命感和责任心。在学校和班级每次的具体活动中也会根据传统的委员制度具体分配任务,这是去年寒假我们拟定的新学期任务分派,这种特色管理模式形成了高度协作又有较强独立能力的班委会。毕竟一个团队,执行力才是核心;凝结力,才是力量!

(三)逆耳谏忠言——张增老师的反复式督促

张老师是我到目前为止唯一搭档完整高中三年的班主任,我们共同伴随着学生达成由入校的普通班到多门科成绩超越实验班的完美逆袭。最佩服的就是她们班的各种自习课没人盯,但比某些有班主任站着的班级还要安静,问及学生原因,回答是在建班初期张老师会每天准时盯班,并利用一切机会宣讲学生的任务就是学习,如果自己学不好,就更不能耽误别人好好学。如此反复督促使学生深信如果自己不努力还耽误别人是非常不对的,班主任威严做到了极致。虽说对学生可以亦师亦友,但我们的岗位是师,就需要学生有敬重心理。所以我在开学初让全班同学集体学习学校的学生手册,了解原则底线,并制定了班训。同时,将百善孝为先,在家要尊重父母,因为没有家长不望子成龙的,所以成功地将家长并入共同教育的阵线也是对自己的一种减负。新年我给每位同学写了一张鼓励贺卡,同时开展"给家长一封信"活动,给同学创造一个向父母吐露心声感恩交流的机会。而对于"义",首先就是教育学生所有任课老师都是帮助他们认真学习知识,任何情况下都要控制好情绪。其次是同学间的交往重在雪中送炭、拔刀相助。元旦联欢,全班在"聚义厅"面对我买来的大蛋糕一起说:"虽未同年同月同日生,但愿同年同月同日金榜题名!"同学自觉为全年级无论是否任教我们班的各位老师和扫除阿姨都送去了蛋糕,感恩教育初见成效。

(四)为虎藏婆心——杨鸣泉老师的硬汉式温情

杨老师作为男班主任的典型,凭借着独具特色的个人形象——伪流氓式,降伏了很多捣乱的学生,学生私下都称他为"男神"。给我印象最深的是与他搭档的那年高三,他让我出面、他出钱去解决一位女生的午餐问题,他介绍这位同学自小父母离异,父亲是体力劳动者经济条件不好,女孩就把父亲给的午餐费省下来交书费、补课费,老杨心疼孩子懂事但觉得由我沟通才能减少孩子的顾虑和尴尬。如果老杨处理了某个抽烟打架的学生一点儿都不让我奇怪,但对学生的感受考虑得如此细腻周到令我敬佩。通过这件事我学到对家庭有特殊情况的学生一定要有爱心、耐心,低调地重视他们,因为这是更敏感的人群。

上学期突发外地随迁子女不允许在津高考要转回原籍,其中涉及了我们班班长,也是一直的年级前十名。这么一个优秀的孩子在高三之际突然被告知要回到山东参加全国卷的竞争，其心情可想而知，父母更是急得像热锅上的蚂蚁。面对这个突如其来的问题我的第一反应是必须根据政策办事，寻求办法协商都不能解决后，我意识到要做的第一要务是要稳定孩子的情绪，只要孩子乐观积极，家长自然平息。帮他查阅全国卷的考题范围，假期为他补上与山东衔接的课程，替他收集各科教师用书复习资料。在我尽心尽力的帮助下孩子重燃斗志，表示只要有学上能高考，在哪都行。我联系山东接收学校并免除了借读费用，给了孩子甚至家庭改变命运的机会。

我工作的合作的班主任有三十余位，虽不能一一讲述，但我在向各位班主任学习的过程中也努力将他们的优势进行内化和创新。比如通过学习小组、讲台小老师强化课程育人；组织教授大讲堂和参观电厂尝试实践育人；花心思打造特色班级文化育人；抓住时机举行多样班会进行活动育人；把握底线严格执行管理育人；维护家校统一阵线实现协同育人。我希望我为之努力的教育不是什么都管，也不是什么都不管，而是在管与不管之间实现一个词：唤醒。唤醒学生的自尊心和责任心，唤醒他们对前途的思考和希冀，唤醒一个人甚至一个家庭的未来。

感谢我的任课老师团队对我的帮助和对班级的付出，班级的荣誉有您一份心血，感谢多年来与我相互扶持默契协作的同事们，祝所有老师们健康快乐！

五、利用项目式学习推进个人技能及专业知识

(一)项目式学习助力教师教学

项目式学习是一种动态的学习方法,通过PBL学生们主动地探索现实世界的问题和挑战,在这个过程中领会到更深刻的知识和技能。而其中最为关键的在于设计,设计就是把概念转化为话题,以及通过话题的问题与形式、展开与深入、过程与方法、结果与结论的预设,来引领学生基于思考与表达的交流讨论,既内化概念,又提升素养。项目式学习的意义主要体现在以下三个方面:

一是项目撬动学习变革。项目式学习不仅有一些先进的教育理念,而且已形成了一套较为成熟的操作流程,有助于对传统教学流程的再造。学生学习的变革,开始时期更多的是在于学习方式与形态的变化,并以此带动学习情感与效能的变化,最终落实并体现"以生为本"的现代学习理念,让核心素养在学习中成长,让综合素养在学习中积淀。

二是以项目成就学习真正意义。学生学习的意义在于生命的完满成长,学习本质上是一种有生命意义的活动。项目式学习是一种基于项目任务聚焦学生体验与表达的学习。通过项目活动(任务)来激活生命的潜能、活力和意义,既是项目式学习的内在价值,也是学习的真正意义。

三是以项目留下幸福的教育故事。教育的美好,最终

都会化为幸福的教育故事。项目式学习,"想"都是问题,"做"才是答案,因此需要且思且行、且行且思。只要师生在项目里共同投入教育热情与智慧、时间与精力、踏实与梦想,就一定会留下幸福美好的教育故事。一场项目式学习的实践,很可能是一串美好的教育故事。美好的教育故事,肯定不是"想"出来的,而是"做"出来的。

2019 年 6 月,中共中央、国务院《关于深化教育教学改革,全面提高义务教育质量的意见》提出,"探索基于学科的课程综合化教学,开展研究型、项目化、合作式学习",即通过项目式学习等教学方式的应用和优化,提高课堂教学质量。至此,项目式学习从理论探索转向为政策要求。

(二)项目式学习与教学相结合实例

项目式学习对学科教师的教学工作提出了更高的要求,在学科知识和专业技能上要求更加精进。下面将以相对论这部分理论性高、学生难于理解的知识内容为例讲解项目式学习这种跨学科学习如何对专业知识进行提升。

1.伽利略变换与牛顿时空观

牛顿在 1687 年 7 月出版了奠定经典理论物理学基础的《自然哲学之数学原理》一书,他在阐述著名的牛顿运动三定律的同时还发表了对关于绝对时间和绝对空间的认识。牛顿认为绝对的空间和时间与物质、运动无关,而且彼此毫无联系、互不相干,而伽利略变换构成了牛顿时空观的数学基础,其主要思想是在两个彼此做匀速直线运动的惯性参照系之间观察两事件的同时性、时间间隔,以及运动杆长度之间的关系。

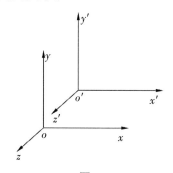

图1

设有惯性参照系S和S',其坐标轴彼此互相平行且S'系相对于S系以速度V做匀速直线运动。根据伽利略变换,有:

$$
\begin{aligned}
x' &= x - Vt, \\
y' &= y, \\
z' &= z, \\
t' &= t.
\end{aligned}
\qquad (1)
$$

根据(1)可知,如果在S'系中有两事件同时发生,则在S系中观察这两事件也是同时发生的,这就是说同时性是绝对的。如果在S'中有两事件是相对发生的,即存在时间间隔$\Delta t'$,可以看到在S系中观察这两个事件发生的时间间隔Δt等于$\Delta t'$。也就是说在伽利略变换下的时间间隔也是绝对的。以上是关于伽利略变换关于时间观念上的认识,下面再来考察空间方面的情况。在S'系中测量一个与其保持相对静止的杆,其长度应为$\Delta x' = x'_2 - x'_1$,而在S系中测量此杆的长度应为$\Delta x = x_2 - x_1$,于是在伽利略变换下,杆的长度也是绝对的,与物体的运动速度无关。

由以上论述可以发现，伽利略变换关于时间与空间的认识同人们日常生活经验十分相符，这一时空观在牛顿以后的200多年中一直占统治地位。随着人们认识的不断深入，经典力学中的时空观越来越暴露出其局限性。爱因斯坦是公认的继牛顿之后最伟大的物理学家，而他提出的相对论从根本上改变了人们对时间和空间的认识，深刻地影响着物理学的各个领域。而伽利略变换在电磁学方面的突出困难又促进了相对论的诞生。在19世纪末，电磁学方面取得了重要的成就，即麦克斯韦方程组的建立。电场和磁场通过这一方程组互相协调，同时预言了电磁波的存在。而根据这组方程，光沿各个方向的传播速度应该是相同的。由伽利略变换可知，麦克斯韦方程组从一个惯性系变换到另一个惯性系时，其形式要发生改变。于是，麦克斯韦方程组只对一定的特殊参照系成立，历史上有人提出了"以太"参照系。这是一种非常特殊的参照系，具有一系列假定的性质。1887年，迈克尔逊和莫雷试图通过观察光的干涉条纹的移动来测量地球相对于以太的速率，然而多次实验后都没有得到预期的条纹移动。

2.洛仑兹变换和狭义相对论

1905年，爱因斯坦在《论运动物体的电动力学》一文中正式提出了狭义相对论，从根本上否定了以太学说。狭义相对论建立在两个基本假设的基础之上：

①光速不变原理：光在任何惯性参照系中的速度 c 是一个普适常数。

②狭义相对性原理：对于一切物理规律，所有的惯性

系都是等价的。

狭义相对论正是基于上面两条假设,得出了物体在接近光速运动时的时空变换关系,其时空观的数学体现就是洛仑兹变换:

$$x' = \frac{x - Vt}{\sqrt{1 - \dfrac{V^2}{c^2}}}$$

$$y' = ',$$
$$z' = z, \qquad (2)$$

$$t' = \frac{t - \dfrac{V}{c^2}x}{\sqrt{1 - \dfrac{V^2}{c^2}}}.$$

上面的洛仑兹变换同样是反映了图1所示两个惯性系间的变换关系,但与伽利略变换不同,时间和空间被联系在了一起。对应伽利略变换的三个方面,狭义相对论的同时性、时间间隔和运动杆的长度分别为:

$$t_2 - t_1 = \frac{\dfrac{V}{c^2}(x_2' - x_1')}{\sqrt{1 - \beta^2}},$$

$$\Delta t = \frac{\Delta t'}{\sqrt{1 - \beta^2}}, \qquad (3)$$

$$\Delta x = \Delta x' \sqrt{1 - \beta^2}.$$

其中,$\beta = \dfrac{V}{c}$。可以发现,在狭义相对论的时空观中,S'系中同时发生的两个事件在S系中不一定同时发生,即同时性是相对的;S系中测量的时间间隔比S'系中测量的长,这就是时间膨胀效应；S'系中观察运动杆的长度缩短，即尺缩效应。这就是说，在狭义相对论中时间和空间具有相对性，并且互相之间紧密地联系在一起，没有脱离空间而单独存在的时间，也没有脱离时间而存在的空间。由洛仑兹变换还可以看到，对于低速运动的物体（$V << c, \beta \to 0$），洛仑兹变换退化到伽利略变换。因此，可以说伽利略变换是洛仑兹变换在低速情况下的近似，而洛仑兹变换具有更广泛的普适性。

由洛仑兹变换同时可以得到狭义相对论的质量和速率以及能量的关系：

$$m = \frac{m_0}{\sqrt{1 - \beta^2}} (4)$$

$$E = mc^2 (5)$$

其中，m_0和m分别代表物体的静止质量和以速率V运动时的质量，E为物体的总能量。(4)式说明物体的质量是与其速度相关的，并且随速度的增加而增加，这同经典力学的观点完全不同。而(5)式则表明物体的总能量同其质量间的关系。值得注意的是能量与其所对应质量之间的比例系数c^2非常之大，因此微小的质量改变就会引起能量的巨大变化，这正是制造原子弹和利用核能的基础。

3.牛顿时空观向狭义相对论时空观的过渡

我们将通过实际的例子来说明狭义相对论对于经典时空观的修正，下面所有图中的空心圆点表示牛顿时空观的情况，叉点对应于狭义相对论的情况。考察一静止质量为 1kg 的物体在 1N 水平力的作用下在无限大的光滑平面上由初速度为 0 加速运动的情况。在经典力学中物体的质量是不随物体的运动状态改变的常量,而由(4)式可见其随物体速率的增加而增大。

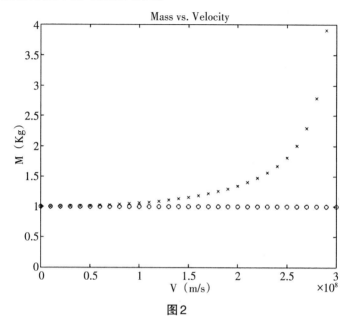

图2

图2表示了物体的质量与其速率的变化关系。可以发现在经典情况下物体的质量保持不变,而在相对论修正下质量随速度的增大而增大。在物体的速率远小于光速时,物体的质量变化不是非常明显,可以按照经典力学处理。然而,当物体的速率继续增大到可以同光速比较时,相对论修正同经典力学的结果产生明显的偏离,此时就必须采用相对论对质量修正。由图2还可以发现当物体的速率接近光速时,其质量也趋于无穷大,这正说明了物体的速率

不可能被加速到超光速的事实。

我们再来比较两种时空观下物体的动量大小随速率的变化关系。在经典力学情况下物体的动量大小为：

$$P = m_0 V \quad (6)$$

而考虑到(4)式相对论情况下的质量与速率关系,物体动量的大小由(7)式描述：

$$p = \frac{m_0}{\sqrt{1 - \beta^2}} V \quad (7)$$

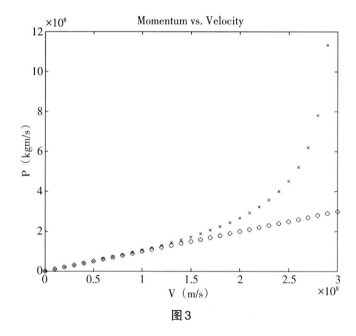

图3

图3比较了两种情况下物体动量的大小同其速率的关系。可以发现由于经典力学中的质量是与速率无关的常量,物体的动量大小随速率的增加线性的增长。而在相对

论修正下,动量大小随物体速率的增加非线性的增加,而且其动量大小的变化速度也随速率的增加而增加。当物体的速率远小于光速时经典力学的结果与相对论的处理结果非常接近,而当物体的速率接近光速时二者就出现了明显的偏离。

图4比较了两种时空观下物体的动能与其速率的关系。在狭义相对论中,物体的总能量由(5)示表示。对于我们所考察的物体,其动能应为该物体的总能量减去其静止能量,即:

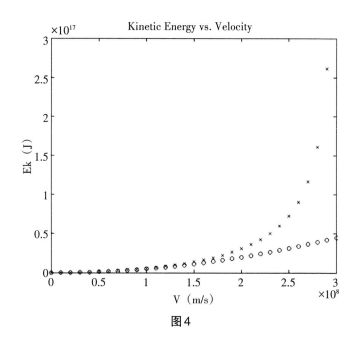

图4

$$E_K = mc^2 - m_0 c^2 (8)$$

将(4)式带入(8)式,得:

$$E_K = m_0 c^2 \left(\frac{1}{\sqrt{1-\beta^2}} - 1 \right) (9)$$

由二项式公式可得：

$$\sqrt{1-\beta^2} = 1 - \frac{1}{2}\beta^2 - \frac{1}{8}\beta^4 + \cdots\cdots (10)$$

如果物体的速率远小于光速，则可以忽略(10)式中的高次项，于是(9)可改为：

$$E_k \approx m_0 c^2 \left(\frac{1}{1 - \frac{1}{2}\beta^2} - 1 \right) = \frac{\beta^2}{2-\beta^2} m_0 c^2 \quad (11)$$

考虑到 $\beta = \dfrac{V}{c}$ ，

$$E_k = \frac{\left(\dfrac{V}{c}\right)^2}{2 - \left(\dfrac{V}{c}\right)^2} m_0 c^2 = \frac{V^2 m_0 c^2}{2c^2 - V^2} (12)$$

由于 $V \ll c$ ，

$$E_k \approx \frac{V^2 m_0 c^2}{2c^2} = \frac{1}{2} m_0 V^2 (13)$$

这正是牛顿经典力学中的动能表示式，证明了经典力学的动能计算公式是相对论动能公式在低速时的近似，这一点也与图3的情况相一致。而图4表明了物体的总能量同速率的关系，在开始加速阶段总能量的增长比较平缓，而当物体的速度接近光速时，其总能量急剧地增加。

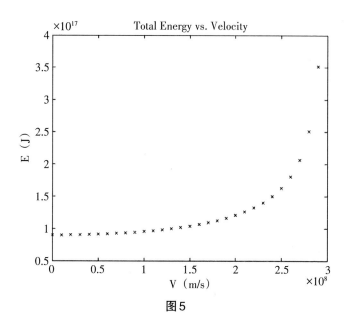

图5

　　为了更加清楚地了解物体被加速时其速度的变化情况,我们还计算了物体的速率随时间的变化情况。当物体受到恒力的作用且初速度为0时,由动量定理有:

$$Ft = P = \frac{m_0 V}{\sqrt{1 - \dfrac{V^2}{c^2}}} \quad (14)$$

　　由上式可以得到:

$$V = \frac{Ftc}{\sqrt{F^2 t^2 + m_0^2 c^2}} \quad (15)$$

　　于是就可以计算出物体的速率与时间的关系,如图5所示(图中的纵坐标采用了对数坐标)。可以发现经典力学的结果是速率可以随时间无限地被增加,这是由于在经典力学中物体的质量不发生变化。而在图6中可以明显看到,在考虑到相对论的情况下物体的速率是有上限的,也就是光速,这是由于物体的质量随速率的增加而增大,使得其加速度不断地减小。这也就保证了粒子加速器中被加速的粒子的速率不可能超过光速,支持了狭义相对论的基本假设。

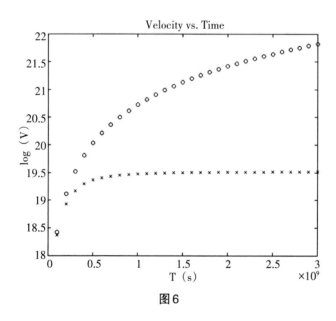

图6

图7表示物体的动量大小随时间的变化情况。可以发现用经典力学和相对论的处理结果是相同的,这说明了动量定理的普适性,也就是说其形式 $Ft = P$ 在两种时空观下保持不变。同时可以看到动量的大小同运动时间呈线性关系,其斜率正是施加在物体上恒力的大小。

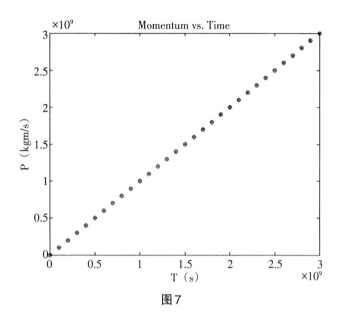

图7

4.结论

通过以上比较牛顿的经典力学和爱因斯坦的相对论对受恒力物体的运动学基本物理量随其速率和运动时间变化关系可以看到,在物体的运动速度远小于光速时,用经典力学处理是合适的。而当物体的速度接近光速时,我们必须用相对论的时空观取代经典的时空观。相对论的建立是人类认识的又一次飞跃,正如爱因斯坦本人所说:"相对论与实验完全相符。"这里我们又一次看到科学创造性工作的重要特色:先由理论预言某些论据,然后由实验来确认它。

六、帮助班主任工作化繁为简获整合

(一)项目式学习有助于化繁为简班主任工作

班级项目式学习活动以综合实践活动为抓手,实现了全学科融合,形成了学校、家庭、社区互动的活动体系。在完善活动体系的过程中,打通学校、家庭、社区之间的连接是班主任工作的重心,促进了班主任工作化繁为简的过程,提高了班主任工作效率。

在此过程中,笔者对班主任工作有了更深的思考。带着这种思考将核心素养教育贯穿到班主任的日常工作中,并积极参加班主任技能大赛。方案获奖后,积极与同事讨论班级发展规划方案,以便共同进步。在这种氛围中,笔者所带班级多次被评为文明班级,市级、区级、校级优秀班集体。

通过开展项目式主题探究活动,班级学生的各项综合素质大幅提高,在市区各级竞赛中都取得了优异成绩,如全国优秀中学生称号。

(二)阶段性成果项目——毕业班工作

下面通过几个实例,对班主任落实项目式教学的情况进行分享和说明。

1.练兵沙场,做好将军——基础很重要

一年一度的招生工作好比征兵,学生带着些许的稚气、刚中考完的倦怠、对未来无限的希冀迈入高中大门，我们要开始漫长的立军规、树军威、积实力、明目标的练兵。高一一年从某种意义上说是决定了一个人的整个高中三年，乃至人的一生。学生从初中到高中会面临诸多困难，如环境变了、同学之间竞争更激烈了、老师要求更高了、课程增加且难度增大、个性与叛逆心理增强了等，面对诸多变化给我们提出了新的挑战。我接手任何一届新生总要先跟他们汇报我多年总结的学生学习"三部曲"：上课听讲——皮带没眼儿（记不住）；回家作业——王八排队（大盖儿齐）；考试测验——坐飞机伸小手（糊儿天），虽是自嘲的玩笑，却代表了大部分学生的状态。

（1）高效课堂大密度

对于一个学生来说，听课是他学习的中心环节，对于学生学习成绩的优劣有着极其重要的作用。要想学生上课听讲有兴趣，首先要让他能听懂、建立自信，所以我们要尽量联系学生初中已有知识基础并尽量联系实际和演示实验把概念准确而形象地传递给他们。其次要把例题和作业习题相联系，让他觉得这45分钟的付出和配合会节约课下完成作业的很多时间，所以我们要把作业提前梳理进行方法提炼和类比，根据知识点精选例题。最高要求是对易混易错题型提高辨析度，所以我们对大量习题进行筛选，进行一题多解、同"图"不同题、改换条件求解相同未知数等，既能激发学生兴趣，又能极大地提高教学密度和学生吸收率。

（2）斗智斗勇批作业

老师精心的讲解不能完全战胜孩子们的惰性，所以不写作业抄作业都是我们要应对的常规挑战。学生如果不能独立将知识进行应用，我们前期的工作都将付诸东流，所以为了保卫自己的劳动成果，必须把好作业关，对不良现象及时惩治。给学生两个观点：一是理科就像打篮球，要的是手感，仅靠看就是把实践和出错的机会留到考试，就会出现一听就会，一做就错的怪病；二是允许"抄作业"，但要抄的有诚意，要表现出自己的不足，错误地方用红笔更正并配有步骤，这样的抄写也有收获。当然对顽固抵抗的学生要有相应的惩罚。

（3）赏罚分明立诚信

任何一种教学方法，要想很快了解学生对知识与技能学得怎么样，最好的方法是测试。答疑后的原题测试是非常好的检验落实的方法，也是最有针对性地让学生发现自己的问题并建立信心的方式。每日一测得题目就是前一天答疑的内容或稍加变通，旨在检查前一天的错题是否改正消化，以帮助学生清醒地认识自己的落实是否到位，若未到位则自罚重新查漏补缺，而连续落实好的同学可以领到小印章换取不写作业或改错的机会，有效指导学生正确处理理解和记忆的关系，加强记忆，战胜遗忘。

（4）知己知彼战高考

兵法云攻心为上，所以我将天津自主命题以来的13年高考题进行分章节归纳整理，随时作为例题、思考题、拓展题传递给学生，一能够让学生了解高考难度和重难点分布，更重要的是让他们感觉高考题既不是只具有选拔性，又不是遥不可及，只要服从安排听指挥，一切都有可能。

2.目标引领，做好唐僧——落实很重要

　　理科教学最令我们苦恼的还是如何落实，如何让我们讲的东西使学生很好地内化，也就是让学生更多地主动起来，教师变成引导者而不是一味灌输。就像西游记中的师徒四人，三位徒弟中悟空好比能力超强的"学霸"，八戒就像外强中干的"学酥"，沙僧是能力平平却严谨听话的学生。师徒四人只有唐僧最为平凡，却因为目标明确被任命为师傅成为领袖，调动徒儿们的积极性，最终取得真经。

　　汇文中学有这样一节给人大胆尝试灵感的汇报课。整堂课让学生按学号依顺序讲题，老师从旁配合，课堂活跃、投入。我们学生的水平绝对可以完成这样的工作，我从高三开始尝试主张真正让学生主讲课堂。通过两年高中物理的学习，他们已具备一定的分析物理情景的能力，每个人只要用心准备都有成为小老师的能力。我开始安排在讲大题时按学号顺次让同学负责在黑板上画图列式求解并做详细分析，学生开始紧张且重视，程度差些的学生会先给几位同学试讲后再给我讲一遍然后上讲台。相信有些老师和我有一样的感慨，重点帮学生捋清步骤后，让学生自己求得数，学生也不自己算。而让学生讲题的方式却可以解决这种问题，看似浪费时间，但坚持下来学生不但得到了锻炼，我们也收获了更多实惠。①每一题学生都有深入研究，且经过老师审查后的讲解没有科学性错误，语言和出发点更接近学生水平，有效解决了重复答疑的问题，讲题的学生可以对该题进行永久性答疑。②讲题的学生更精细于思维与步骤的严谨性，更重视解题格式规范性，有效解决一落笔就错的问题，同时其他同学有完整规范的详细解答，便于抄录、再现、反复，响应"抄一遍也是收获"。③允许其他同学提问,锻炼讲题学生的应变能力、熟题比较能力、一题多解能力。

学生自我讲解时,观察每位学生学得怎么样,对易错点有没有掌握,对易混题型能否辨析,这是我们老师做的事。①在学生讲解的同时逐个指出不规范的格式让他们加以改正,同时反复强调关键步骤和公式。②选几道类似典型题,让学生反复体会其中的区别和感悟不同解题方法,也是一节课中体现老师作用的点睛之笔。

我通过一个学年的教学尝试,效果很好,重要的是只要学生主动起来,我们就可以事半功倍。

3.统领六科,做好表率——和谐很重要

从多年高三教学来看,班级要想出成绩,绝不能没有协同作战的感情和理解,大家熟知的木桶原理说明只要我们齐头并进,互相补齐短板就一定会有好效果。总复习阶段,时间宝贵,科目之间的配合就显得格外的重要,原因很简单,高考最后起决定作用的是总分,而非单科分数。有人说,只有单科分数高了,总分才能够高,没有每一科单科高分的支撑,何来总分的"高昂"? 这种说法有一定的道理。但是,我们也应该看到,单科分数高是有成本的,高三的时间就那么多,花在这一科上的时间多了,花在另一科上的时间自然就被挤占了,就少了。这也类似于"囚徒困境",是一个两难的选择。而且,更重要的是时间和效益并非是一直成线性的正比关系的,而是效益递减的。这就好比你饿了,有十个馒头给你吃,吃第一个馒头的效益是最高的——最解饿,吃第二个馒头时的效果就要差一些……当你吃到第十个馒头时,可能就已经是消极作用了。也就是说,在任何一个科目上花时间,花在最开始的那段时间它的效益是最高的,花的时间越多,多花的时间的效益就会越差。所以说,一味地在一个科目上积累时间,就不如在各个科目均匀着花时间,这样对于每个科目来说,花的这个时间都相当于第一个馒头,效益就会好得多。我们班的团队由二十中学著名的老中青三代优秀教师领军:邬显明、杨鸣泉、王晓峰和杨麟。邬老师随班三年,早已是学生信赖依靠的对象,尊重崇敬体谅,不能不用心学;晓风看似随意实则有心,经常在学生情绪和心理上提点我,更对特殊情况的冯君关心交流,最后孩子能以616分的成绩毕业应该令晓风心安;老杨和小杨虽然高三接班,但个人无尽的人格和专业魅力令学生折服,最后阶段老杨经常与我沟通每个学困生的排名变化,应对措施,使我们用力得当。而小杨对英语瘸腿的理科男们大力扶植,最终取得连学生自己都意想不到的好成绩。当然,我们还有风韵不减当年,温柔细腻的甄美丽阿姨成为男生的偶像,严谨踏实的工作换来学生的拥戴之情令人感动。团队的和谐、共荣、理解、互让造就了班级的成功。

(三)以匠心精神对待教育工作

作为一名匠者,就是持续专注地做好一件事,追求完美和极致。而工作中的匠心精神,就是爱岗敬业、精益求精,体现自身价值。

1. 匠心是教学上不断努力的虚心

从教18年,高三毕业班10余载的经历并没有阻碍我虚心向同事们学习和努力尝试新的教学方式。组织学生成立学习小组,培养讲台小老师,同伴互助学习,让整个集体沉浸于努力拼搏又互助友爱的学习氛围中。追求知识与实践的结合,带领学生走进国投北疆发电厂和大神堂风力发电厂,感受知识改变生活以及家乡先进的生产技术,激发学生对科技的兴趣。

2.匠心是班级管理上不断追求的执着心

我以班级文化育人为"立足点"。组织学生创办班刊《逐光》,并面向全校师生刊出,成为展示班级文化和学生自我教育的平台。学生以小组为单位承担编辑和撰稿工作,三年来共编写110篇。内容涵盖:自主设计的班徽、原创的班歌、班风、班训、班级公约、时政热点问题、活动身边花絮、时尚电影评论、科学前沿讨论等。

制度上以班级民主管理为"风向标"。首先实行"人人岗位责任制",培养学生的自强自立能力,结合学校的各种行为规范评比,每周开一次民主总结会,为全体同学树立了"每一分放纵换来更多束缚,每一分自律得到更多自由"的理念,使全班有高度的自我管理和互助管理能力,形成积极向上正能量。

为了实现学生自主成长,我定期召开主题班会和开展丰富的实践活动。"学习经验交流"充分发挥了生生互助的作用;"我的社会主义核心价值观"通过多种表演形式使观念深入人心;"缅怀革命先烈"帮同学们重温了爱国情怀;"强化安全意识"帮助大家增强自我保护能力;"十年之约"引导学生把个人的青春梦、成才梦融入中国梦;"关爱青少年,预防艾滋病"涉足青少年学生性教育。开展学雷锋活动,维护校园设施、慰问孤寡老人、参加校园义卖,在活动中强化了学生对国家和社会责任担当的核心素养,使学生得到全面的发展。

3.匠心是在交流中用爱心培育另一颗爱心

"在学校,你们都是我的孩子,有事一定要找我!"这是我的口头禅。新年伊始,我给每一位同学写寄语,联欢会上为全班买来蛋糕庆祝。学生Z父母离异,都在国外,他独自在天津上学,还要照顾年近八十的姥姥姥爷。在巨大的学习压力和生活负担面前,我的拥抱给了他巨大的支持和鼓励。有一次,他意外扭伤了脚,行动不便。我能做的就是每天接他上学,带他去医院换药。后来,姥爷住院了,他每天白天上课,晚上在医院值夜班,这样势必会影响他的学习。因此,我有时也去医院看看,帮他请了护工,好帮他渡过这个难关。

我还开展了"给家长一封信"活动,给同学们创造一个向父母吐露心声的机会。心底的爱表述于纸面,使得亲子关系得到显著改善,画好家校共育"同心圆"。

4.匠心是工作中不断传承的责任心

教育工作千头万绪,细微而琐碎,一个教育工作者的成长更是有无数前辈的引领、同事的帮扶、自身的努力才能完成。2001年10月,高中部有老师生病,人员调配发生困难,我仅有3天时间就需要完成从一名初三教师向高中教师的转变,大量的备课、习题、答疑任务压得我抬不起头来,同时更害怕不能得到家长学生的认可,辜负学校的信任,这时励临泉老师拿来她自己手写的全年教案交到我手里,同年级的汪康麟、张天生两位物理组老组长也是言传身教,毫无保留,年轻的我感激之情溢以言表,除了认真工作也暗下决心，如果有以后其他新上高中的同事有任何困难，我一定要全心全意地帮助他，这就是二十中老一代"匠人"留下的传帮带传统。而我也顺利过渡并获得学生一致好评，那届我高三力担重任担任三个班的教学任务，且在高考中取得优异成绩。2011年7月，我的工作安排是新接高三班主任和两个班教学，邬老师语重心长地跟我说："这个班不好接呀！"我明白这是因为前班主任椿楠是非常优秀又方法独到的班主任，而我班主任经验并不丰富，这是老同志对我的爱护和提醒，更是学校对我的信任和重托。高三快节奏的复习任务、熟悉学生并有针对性地辅导，晚上到9点的晚自习，在这种工作强度和压力下加上孩子刚上一年级每天的接送，我开始全身过敏蜕皮，裸露的新肤导致炎症低烧3个多月，并由此落下了过敏的病根，每到9月就呼吸道过敏，但我从未因此耽误学生的课程。过敏期间上完课还要跑医院各种检查，已经在德育工作的椿楠总是跟我说，有病该看就去，班里有事让他们找我，咱两人还管不了他们吗？还有其他老师，个个都是业务精湛又极具亲和力的老班主任，帮助我协调各种课程不在话下。这一年在大家的全力帮助下，这个班在高考中占据了全校600分以上人数的一半。

　　很荣幸能有机会在这里跟大家分享我的一些做法和我的一些成长经历，同仁们默默地付出和承受病痛克服困难完成工作的人很多，每当看到那些酷暑还绑着钢板站在那里讲课的姐姐们，看到那些一瓶药几个人一起吃的战友们，看到上课之前喷几下激素喷雾抑制住咳嗽哮喘也要把课讲完的过敏族们，看到那些自己或者家属生病宁可反复奔波在学校和医院之间也不耽误学生课程的老师们，我被自己所处环境中专业的匠心精神感动。

匠心者从来就不需要外界给予光环，也不会发出耀眼光芒，不哗众取宠，不取悦他人，匠心精神是一种专注，是一种严谨，是一种态度，是不以物喜、不以己悲的淡定自信，面对浮华永远保持自己的节奏，永远对得起自己的良心，也永远对自己自信。愿我沉下心来，做一名真正的匠者，拥有一颗纯粹的匠心。我们的自豪，只因为曾为教育的辉煌添砖加瓦，不遗余力！

七、利用项目式学习分类实施共成长

（一）关于学生身心健康教育的项目

1.提案缘由

高中生处于青春期的重要发展阶段，相比初中生来讲，生理和心理都比较成熟但却并未真正成熟。而在传统观念里，无论在家庭教育还是在学校教育中，性教育一直是敏感而又尴尬的存在。而在现实的班主任工作中，发现越来越多的男女学生曾经春心萌动，但他们未必有自我保护意识和做好保护措施。缺乏性心理、性道德、性安全、性审美的教育普及，公共网络上的相关信息不能保证针对高中阶段学生特点，所以开展青春期性教育工作是当前高中教育中的一项迫切需要。

2.组织实施过程

（1）根据学校实际把性教育纳入校本课程，结合各种国际宣传日进行班级主题教育活动。如12月1日"世界艾滋病日"的主题班会。(2)请相关人士对学生和家长进行专题讲座,进行性健康、性知识普及,把高中生性教育作为常规系统教育,加强性教育的相关家庭指导。(3)学校网站开设青春期性教育版块,由学生和专业老师轮流更新,有针对性地宣传有关知识和由专业教师解答学生提出的各类问题。(4)学校可设置热线电话并定时开通,注意保护学生隐私,进行个别咨询与辅导,开设青春期信箱,提供切实有效的帮助渠道。

3.组织实施效果

(1)通过教育活动使学生在初中青春期的生理变化之后又有后续跟进的心理变化指导,正确认识和对待同学间交往,提倡和发挥不论性别同学正常交往的最大优势,找到合适的疏导方法。比如,把班级的同学情谊不分性别、一视同仁的对待,促进同学们形成互帮互助,帮助他们区分接近手足之情的同学情谊与成年男女的爱情。(2)倡导性科学,了解同性恋,不无知神秘,不造谣起哄,不跟风标榜。越是了解的清楚,越能正确认识自己和他人,越能正常看待和处理同学关系。比如,国内艾滋病增长最大的人群是大学生,其中绝大多数来自男同性恋的"好奇、尝试、时髦",尊重个人性取向,但不做无知的陪葬。(3)进行爱与责任的教育,接受生理心理变化,懂克制、明责任、守底线。比如,使学生接受青春期产生的对优秀异性的欣赏和爱慕,成为督促自己进步的动力,而不是含有责任的爱情。(4)有性自我保护意识和自我保护能力,有使用自我保护工具的基本能力,有遇到问题敢于求救求助的意识。比如,无论在校园还是社会,学生面对突发事件,正确和勇敢地保护自己,揭发不良现象。

(二)学习政策理论,精修专业涵养德行

2022年4月25日上午,习近平总书记来到了中国人民大学考察并发表重要讲话。在讲话中习近平总书记关注并强调了大课程、大命题、大先生、大熔炉几个重大问题。总书记指出教师不能只做传授书本知识的教书匠,而要成为塑造学生品格、品行、品味的"大先生",做学生为学、为事、为人的示范,努力做精于"传道授业解惑"的"经师"和"人师"的统一者。所以我在班主任工作中以"创建多元班级文化,引领学生自主成长"为育人策略,从而促进学生成长为全面发展的人。

1.深耕实践,探索打造多元主动型班级管理模式

根据教育部下发的《中小学德育工作指南》,打造多元班级文化育人,组织学生自主制定班风、班训、班歌、班徽,增强班级凝聚力。通过学生自主设计主题突出的黑板报,与时俱进的特色班刊,定期更换"书香角",发挥物质文化的育人作用;通过学生一起制定班级公约,设计班徽,确定班训及班级目标,让每个学生都参与其中,探索确立班级特色管理模式,发挥制度文化的育人作用;通过形式多样的活动构建和谐友好的人际关系,包括师生、生生关系,培养学生助人为乐,正视自己,有集体意识与协作精神,发挥精神文化的育人作用。在工作中坚持"爱而有度,严而有格"的理念,以匠心精神的虚心、爱心、执着心,努力成为一名唤醒生命的"牧者"。通过"创办班刊教育平台""创建民

主管理制度""传承传统感恩文化""开展丰富实践活动"等步骤引领学生自主发展并实现家校共育。

2.强化反思,凝练提升班级管理工作的理论性和示范性

通过几次"三杰计划"("三杰计划"指天津市杰出校长、杰出教师、杰出班主任的培训计划)的培训学习,我深受启发,反思自己若干年来的带班理念,忽然就找到了理论依托。日常管理中从不因分数对学生有任何区分,但不遵守公共约定会引起我很大反应。久而久之,学生也养成了"悦纳自己,悦纳他人"的品性,自觉将尊重集体利益养成习惯。

我理想的教师是成为生命的"牧者",我为之努力的教育不是什么都管,也不是什么都不管,而是在管与不管之间还有一个词叫"唤醒"。因唤醒学生的自尊心和责任心而自律,因唤醒学生的信义仁孝而担当,因唤醒学生对前途的思考而自强。

另外,在班主任的经验理论提炼上还存在不足,如何给平时的繁忙工作找到理论支撑并且在理论指导下把工作做得更加顺畅和一致是我正在探寻的。把这种既有理论依托又有实践支撑的理念传播和扩展开去,使更多的班主任少走弯路,从中获益,是我的责任和义务。

3.未来可期,将小我融入天津市基础教育改革的浪潮中

希望培养自己和团队教师及学生的成长型思维模式。因为成长型思维模式理论从改变个体的核心信念入手,撬动学生自主学习与成长的支点,自主发展可以从学生的认

知、信念入手,让学生充分认识并相信自我成长的力量,激发学生学习的内在动力系统。一旦"成长与发展"内化为个体自身的信念,个体内在的学习动机就会被激发,学习自然而然会成为学生的自发行为和终身追求。倡导借鉴成长型思维模式,将教育目标聚焦于引导学生学会学习,促进学生健康生活。

也期待在"三杰支持计划"这个平台上,通过研修学习、通过同伴互助,在专家的指导下,在各级领导的关怀下,进一步提升专业发展水平,提升职业综合素养,我也将以更加饱满的热情迎接新的挑战。

基于班级项目建设的班主任工作,既提升了班主任的理论素养,也提升了班主任德育的科学性,更重要的是提高了班主任班集体建设的自主意识和能力。它要求以项目的思维方式去思考班集体建设,使班主任在谋划时必须系统考虑,既要思考班集体建设的目标,又要设计相关的内容和实施途径,有效地提升了班主任班级管理的规划意识,同时项目内容面向学生,更具针对性和系列性。

▶▶第四章
项目式学习提升班级科学管理

　　如果我们力求使儿童的全部精神力量都专注到功课上去,他的生活就会变得不堪忍受。他不仅应该是一个学生,而且首先应该是一个有多方面兴趣、要求和愿望的人。——苏霍姆林斯基

一、班主任班级管理工作结合项目式学习

(一)在生活的实际场景中学习

　　目前,在学校开展的各种项目式学习活动中,不乏为项目而项目的"甜点式"项目式学习——追求短平快,忽视学生在项目式学习中的过程体验;追求花哨的成果展,忽略学生的高阶思维和深度学习;追求项目式学习的"终结",忽略开展延续性的、改良的项目式学习活动;追求学习活动的体验性,忽略对课程基本知识的学习。

　　尽管实施过程中出现了一些问题,但项目式学习确实

体现了诸多教育理念,例如,学生中心理念、做中学理念、个性化发展理念、差异教育理念等。这些理念都属于"有利于学生身心健康发展的教育理念"。认可这些理念,可以更快更好地掌握项目式学习的精髓。总之,在正式讨论项目式学习的教学性、学习性之前,我认为首先需要强调项目式学习的一种重要存在:教育理念。项目式学习的教育理念,有助于践行者、追随者能够用一种更加现代的、浪漫的、生活化的视角看待教育。项目式学习的教育理念还体现为一种现代育人模式,特别是实践育人模式——强调在实践活动和过程中培养学生的知识、能力、品格和价值观。北京师范大学郭华教授认为,项目式学习还是一种学生综合运用多学科知识进行自主学习的综合性、活动性的教育实践形态。

(二)班主任开展项目式学习

对于21世纪的班主任而言,传统说教式的、控制型的班级管理模式已经无法适应时代要求和"00后"学生身心发展的规律。因此,必须要思考新策略,创新班级管理模式。项目式学习在一定程度上有助于班主任创新班级管理模式。在此,我们以《我的班级我做主——以班刊记录班级文化》项目式学习为例,直观地展示班级管理中项目式学习的整体流程(见图1),该流程主要包含了项目式学习的5个环节:定义、计划、实施、回顾、管理。

环节一:定义——分析班情学情,提出核心驱动问题,以引领整个项目的开展和学习的发生。

环节二:计划——组建团队,明确小组成员的角色和任务;小组合作,分配任务,开展入项活动和知识准备。

环节三:实施——研制产品方案,完成产品制作并进行测试、修改和完善。

环节四:回顾——回顾阶段,包括项目评价、反思、总结等活动。

事实上,评价尤其是形成性评价,贯穿项目式学习的全过程,以实时了解和调整学生的参与状态。除了成果展示过程中的家长评价,还可采取师评、生评等方式,反思项目式学习的过程,总结项目成果的质量,提出改进建议等。"我的班级我做主"项目式学习老师进行了很好的反思:

项目式学习正是以项目任务为中心的一种课程设计,它可以和小组合作教学法配合使用,成为最佳搭配。它又不拘泥于讲台和教室,打破课堂边界、学科边界,让学生在真实的环境里持续探究思考,用已有的知识内化成技能并迁移运用到实践。这种动手、动口、动脑的学习过程,不仅促进学习、帮助实现课程标准,更是把学生、学校、家庭、社区紧密联系在一起,这样的学习更有价值!

环节五:管理——项目管理工作贯穿项目式学习全过程。

在上述四个环节中,师生共同作为项目经理开展项目管理工作,把握项目式学习的进程、方向,保障项目产品的质量。因此,项目管理统领其他环节,而不是固定在某一阶段进行。过程性评价在项目管理中承担着重要角色。通过评价,教师了解项目实施过程中的学生表现,并实时给予学生资源支持和智力指导。学生通过参与个人自评和小组互评环节,明确认识到学习和参与状态,实现自我管理。

与班主任工作和班级管理有关的项目式学习主题可以包括如下：社会实践活动，研学旅行，劳动教育，班级音乐会，班级读书会，班级公约，校园文化建设，校园安全等。营造一个和谐的班集体氛围，关系着学生的身心健康发展。长期以来，广大中小学班主任兢兢业业、教书育人、无私奉献，做了大量教育和管理工作，为促进中小学生的健康成长做出了重要贡献。但是必须看到，新世纪、新时代，面对"数字土著"，班主任工作面临许多新问题、新挑战。经济社会的深刻变化、教育改革的不断深化、中小学生成长的新情况新特点，对中小学班主任工作提出了更高的要求。为此，班主任必须打开视野，创新思路，以真正的学生中心理念"武装"自己的班级管理理念，以更加科学的方法教育、引导、帮助学生成长进步。

二、班级项目式学习与主题教育活动相结合

开展项目式主题探究活动极大地推动了核心素养教育，使班主任工作的质量上了一个新台阶，培养了全面发展的人，创造了良好的班风学风，形成了蓬勃发展的班集体。哲学家叔本华说："完美的人格，高尚的品德，是从实际生活中锻炼出来的。"加强学生的动手能力，以活动培养学生，是新时期教育的特点，也是实现核心素养教育的有效途径。所以我们认为，在班主任工作中牢牢把握项目式主题探究活动，一定会让核心素养教育在探究与实践中获得更好的发展。

(一)毕业季活动项目

老师同学们下午好,今天我们召开这个很有仪式感的班会,首先感谢创意的发起者孙润和孟冠辰,感谢我给力的班委会完成所有流程设计和视频剪接,感谢诸位老师领导百忙当中来见证我们的梦想与约定。看了同学们对自己未来的打算,我想跟大家讨论三个问题。

一是什么是高考? 高考是比知识、比能力、比心理、比信心、比体力的一场综合考试,是汇集百万人参加的一次练习。但不论它是什么,现在你既然选择了,就一定要全力以赴,这是一种习惯,受用一生。高考的成绩重要吗? 当然重要,它是你人生重要的十字路口,它确定你未来的几年要在哪,跟谁在一起,跟谁学习;更重要的是它会为你盖上人生的一个重要图章(STAMP),清华的还是北大的,既然这样,你更加要全力以赴。 当然它也没重要到让你吃不下饭睡不着觉,毕竟人生还有很多未知的转角。紧张而不焦虑,有效率而不慌乱。身体健康是基础,良好学风是条件,勤奋刻苦是前提,学习方法是关键,心理素质是保证。悲观些看成功,乐观些看失败。你不必每分钟都学习,但求学习中每分钟都有收获。

二是什么是成功? 高考中没有失败,它带给每个人的深刻思考、刻骨铭心的经历和感受都是不可多得的财富。我们为理想而奋进的过程,其意义远大于未知的结果。我希望成功的你们以后可以骄傲地做自己想做的事,活得有尊严有底气,多年后聚在一起,看到曾经激昂的愿望,想起曾一起立下的 flag,通过努力奋斗,堂堂正正地拍着胸膛,自豪地说起这就是我。我希望成功的你们变得优秀的速度超过父母老去的速度,你们还年轻,没有什么来不及,可是亲爱的,父母最大的期望就是等到看你成材,为你自豪的那一天,不要让他们到晚年还替你们的生活工作担心。我希望成功的你们有资格和喜欢的人并驾齐驱,谈一场势均力敌的爱情,你不会因为比他差而自卑,因为你们同样优秀。我希望成功的你们努力创造更好的生活之后,给你的孩子更好的教育,更多的见识,让他能有更多的机会做他想做的事情。而高考正是一个实现人生的省力杠杆,此时是你撬动它的最佳时机,并且以后你的人生会呈弧线上升。

三是为什么要努力? 在这样的竞争社会,最可怕的不是有人比你优秀,而是比你优秀的人依然还在努力。也许所有我们为什么要努力的答案,都比不上这一点:因为时光不会重来,时间不会倒流,那些你错过的风景、错过的路、错过的事情,都成了无法回头的回忆。如果你问我努力真的有用吗? 坚持一定会成功吗?我肯定不能确切地回答是。可是我可以很明确地说,当你真正努力了之后,你所谓的结果如何也就不再那么重要了,因为在努力的过程中你已经打败了那个坐享其成不知进取的自己,已经发现了一个更积极向上优秀的自己。我们所有的努力只为了未来能遇见更好的自己。

谁曾从谁的青春里走过,留下了笑靥;谁曾在谁的花季里停留,暖和了惦念;谁又从谁的雨季里消散,泛滥了眼泪。只愿生命如此静好,待到有一天华灯初上时,我们仍可以笑看曾经的年少轻狂,曾经的势比天高!

（二）面对高考前的寄语——高考正常发挥即为超常发挥

"孩子马上就要高考了，说实话我比孩子还紧张，每天晚上在家里也不敢大声说话，生怕影响孩子学习……"吴女士的女儿今年高考，她的心情估计也是不少考生家长的心情。

距离高考还有不到50天的时间，在这最后的关键时刻，无论是家长还是考生到底怎么做才可以为考试助力呢？为此，具有近十年高三毕业班工作经验的天津市第二十中学教师侯霞给出以下建议：

1.学生篇

（1）正确认识高考，坦然面对成绩

高考是比知识、比能力、比心理、比信心、比体力的一场综合考试，它很重要，因为它确定你未来的几年要在哪，跟谁在一起学习，但它也没重要到让你吃不下饭睡不着觉，毕竟人生还有很多未知的转角。高考绝不是终点，而是人生中一个新的启航。

高三密集的考试成绩的起落对学生的压力和影响是不可避免的，考试一旦过去，接下来不应该是患得患失，而是好好分析成功的经验和失利的原因，从每次的模拟演练中发现漏洞和缺陷加以弥补，做到完善自己才是考试的最大意义。在这最后不到50天里，可以发生奇迹，也可能出现滑坡，不管你现在的成绩好还是不够好，都不要放弃对自己的提高。

（2）掌握复习方法，提高学习效益

时刻跟紧教师，切忌粗糙盲目。高三复习是整体、系统、有计划的，应该时刻捕捉教师临考前的每一个知识点的讲解，不能心态焦躁，在课上"开小差"，这样会得不偿失。通过课堂把自己不熟悉甚至还没有懂的地方，哪怕是很小的地方弄明白；同时不要放松懂了的东西，要保持对它们的熟练度。

正确处理做题与回顾知识的关系。在最后复习阶段，不少学生总是认为应该多做题、少看书，以题来带知识。其实这是一种误区，这样知识是支离破碎的，不扎实不系统，如果把该题改变一下，还可能会出错。如果把我们的知识比作一棵树，那所有习题就是繁盛的叶子，要让它显示勃勃生机，就要安置它在相应的枝头，而不是乱蓬蓬的一堆。每学科以专题的知识网络作为主干，以高效的解题方法作为脉络，以典型的习题作为修饰。先把基础知识扎实，然后再强化训练，提高分析能力和解题能力。

充分利用错题、好题总结本。茫茫题海之中，学生考前肯定没有时间再从头翻阅所有试卷习题，所以建议要有疑难知识点总结本，确保知识点零疏漏；要有错题、好题本，帮助自己经常回顾常见的思维陷阱和知识误区，可以定期对其进行更新，在不断地落实中斩掉已熟练掌握的部分，补充更有挑战的题目。在高考之前，它就会成为你私人定制的专属笔记，大大提升复习的针对性和效率。

精准规划时间，进行限时训练。以理综为例，如果做物理单科训练，选择8道题最好在15分钟内完成，前两道计算每题也要在10分钟内完成。其他学科的复习和做题也要以高考时间为限度,在规定时间内完成,从而提高答题的效率和质量。利用周末或假期还应尽量按高考考试对应的时间点进行适应性训练,比如高考语文是上午9:00—11:30,那就在这个时间段做语文题。在最后自由复习阶段,也可以抽出时间这样安排,让自己的思维在特定的时间段对特定学科保持敏感度。

(3)规范作息饮食,调整身心

对作息要保持规律和规范,不要认为夜深人静就学到深更半夜,要科学安排休息时间,保证白天的上下午是最佳精神状态,高考前更是要把生物钟调整到与高考时间同步。生理上,合理调节饮食,注意饮食搭配稍微营养些,适当进行户外活动,保持健康体魄。

高考从某种意义上来讲,是一场心理的较量。临近高考,心中出现焦虑烦躁是很自然的,可以向朋友或老师说说自己的焦虑情绪,和父母多交流,这些都有助于缓解考前紧张,应该以平常心迎接大挑战。

2.家长篇

(1)多做好后勤,少过度关心

饮食上给孩子做一些清淡有营养的食物,适当增加营养补充。注重孩子劳逸结合,让孩子在学习间歇适当运动,避免生病。尽量不要在孩子学习时轻手轻脚走进他房间,一会儿送牛奶,一会儿送水果,这样的关心不但起不到积极的作用,反而致使孩子一直切断思路,影响学习。

(2)多交流鼓励,少唠叨责备

创造一个和谐的家庭氛围,尽量和孩子共进晚餐,在轻松的氛围中谈高考,同时引导孩子正确看待高考,多问问他的想法,尽量为他疏导心理的问题,以此来缓解孩子的压力和疲劳,集中精力学习。努力发现孩子每时每刻的进步,同时帮助孩子分析自身的长处和缺陷,以达到扬长避短、鼓舞士气的效果。

(3)多下放学习权利,少盲目攀比

高考复习是自主性极强的活动,把学习权交给孩子,让他们根据自己的薄弱学科或知识制定复习计划,把握复习进程。如果成绩不理想,家长要做的也不是急着补习,而是查找原因,是情绪过于紧张,还是复习计划有偏差?而不是有病乱投医。不要总说别人家的孩子学习如何好,这样会给孩子造成压力,增加孩子的逆反心理,使孩子从内心对学习、对高考产生恐惧、厌恶,更加不利于复习和考试。

(4)多收集相关信息,少显露焦虑情绪

随着高考的临近,很多家长先陷入了焦虑不安,怕孩子的成绩大起大落使得自己的心中没底,怕孩子情绪不好影响复习,怕孩子考不上理想的大学,其实家长的情绪是可以直接传染、影响到孩子的情绪的。所以家长首先保证自己情绪的稳定,用自己的积极乐观去冲淡孩子心中的紧张不安。家长可以利用这段时间搜集一些相关报考信息,但不能过早地与孩子讨论志愿填报的事情,避免孩子分心。

最后,侯老师想告诉广大考生和家长,高考没有超常发挥,它其实很平静,只要能把会的都发挥出来,正常发挥即为超常发挥,就是胜利。

祝考生自信踏入考场,赢得人生新起点!

三、班级项目式学习与开发学生潜能相结合

(一)多元化项目活动开发学生潜能

生命如同璞玉,如果未经打磨,可能永远只是石头的芯子而已;所有连城的价值,若一开始被视而不见,就可能永远不见天日,被尘封被埋没,这是人生的悲剧,这更是教育的悲哀!然而,一旦遇到了慧眼和巧手,一切就会不同。作为教师,所有的智慧、最高的智慧,都与发现学生有关。我们都有这样的体验:在我们的成长历程中,往往只是一件小事、一个细节,甚至一句话就足以震撼灵魂,甚至改变一个人的信念。教育没有什么魔法,而教师才是真正的魔法师!教师要相信每个学生都有自己的闪光点,要唤醒他们的潜力和灵感并持之以恒!

教师怎样才能成为魔法师?中国教育学会重点课题"借鉴多元智能理论,开发学生的潜能"的研究成果引起我对传统学生观的审视和反思:在教师的眼中,不应该有"差生",每个学生都是优秀生!

霍华德·加德纳的多元智能理论主要阐述人的智能是多元的,每个人同时拥有多种智能,如自我认识智能、人际交往智能、身体运动智能、视觉空间智能等,只是这多种智能在每个人身上以不同的方式、不同的程度组合存在,使得每个人的智能和个性各具特色。大脑功能定位决定了每个人的智能强项和弱项,每个人都有自己的智能优势。多元智能理论警视我们重新审视传统的学生观:传统的单

一以学习成绩评价学生的学生观只重视了学生的语言智能和数理逻辑智能,即所谓的智商,其实每个学生都有自己的智能长项,应该树立"每个学生都是优秀生"的学生观。据此,教育者要善于运用教育策略,捕捉和发现每个学生的优势智能,应该调动和利用每个学生的优势智能,从而促进和带动每个学生弱势智能的发展,最终达到学生全面发展的终极目的。因此,班级里不应该有所谓的差生存在,每个学生都是独特的也是出色的。

高一9班就是由这样45位个性鲜明的同学组成的,在我眼中,他们都是有着非凡潜力的优秀生,只是很多人的能力和精力并没有在老师和家长所期望的那样在学习领域得到充分的发挥。学生正处于长身体、长知识的阶段,他们精力充沛,活动能量大,兴趣广泛,过剩的精力无处消耗,网络、游戏、早恋等刺激乘虚而入,所以我把自己初步的工作目标定位于建立团结向上的集体,同时尽量调动他们学习的积极性。

我们班尤其是男生每人都有一个外号,而且个性鲜明,他们本人也毫不反感,以至于同学之间交流时任课老师不知讨论的都是谁。学生们鲜明的特点从军训中已经体现出来,一开学我才真正感觉他们的"名符其实"。下面以我班六大金刚:大色儿、大胆儿、大耍儿、大话儿、大飘儿、大鸟儿六个案例总结我的班主任德育工作。

案例一:大色儿毕业于河北双建中学,顾名思义,他的女生缘极好,在军训中表现优秀的他被评为我班男生的标兵,我也因此委任他为团支书。但一上课,他在原学校的坏毛病就展露无遗,不是说话就是睡觉,作业基本不交,找理由搪塞任课教师,所以很快成为老师们谈论的焦点人物,当然在考试中也是排名倒数。有幸孩子对我给予了很大的信任,主动找我谈他的情况。原来由于他父亲的原因,父母已长期分居,母亲为照顾他才一直住在一起,他说他在学校的快乐都是装出来的,是不愿让人知道家里的事,回家不与父母说话,只好上网寻找寄托,而且从军训开始就有好几个女生开始与他进行频繁的电话和短信联系,关系一时很复杂,他的原话是"我现在感觉很困惑"。当时他给我很大的震撼,没想到外表成熟的他能如此无助地向我求援,第一次让我感觉班主任的责任如此之大,而不只是学习好了就能解决问题。

对策及成果:我没有就他出现的错误批评他,而是肯定他能以606的成绩考入20中说明他有很大的潜力,只要端正态度一定能改变现在的处境,并以他深恶父亲的行为为机,教育他男人首先要有责任心,现在对自己负责,将来才能对家庭负责,才不会再为社会制造新的问题。为了不忘写作业,我送他一个作业袋,并经常关心他的各方面情况。他很懂事了,上课尽量集中精力听讲,作业虽距离学校老师的要求还有差距,但在努力改进,在家里不放假就不上宽带、不去网吧、不与女生单独出行,还帮我出主意解决班里的问题。期末考试中全科及格,且数理达到了班里的平均分。虽然名次还没有很大提高,但状态和情绪稳定了许多,这已经让我欣慰。

案例二:大鸟儿毕业于双菱中学,外号来源是网上将游戏初级玩家称为菜鸟,他因超凡的过关技巧和背诵攻略的能力得名。开学我就因为他原来的班主任向我介绍过他沉迷于网络的问题去他家家访,果然都7点了他还和初中同学去网吧没回来,奶奶说他曾经三天三夜待在网吧,回家妈妈为了惩罚不让他进家,他就睡在楼道里。现在父亲工作忙,母亲在日本学习,他根本不听奶奶的,回家不学习,上宽带继续玩。接着,我在学校看到他的表现是:作业基本不交或早晨6点多就到校补作业,但因他上课还听讲和智商较高在第一次月考中也能排在班里中等,但期中考试后他奶奶找到我,让我救救这个孩子,他回家就开电脑,有时连饭都顾不上吃,直到半夜才睡觉,不能提看书,一提就与奶奶恶言相加,吵得家里鸡犬不宁。

对策及成果:我找他进行了一次长达3小时的谈话(因为他慢性子),了解他"精彩"的历史,问他知道什么是网络游戏吗?就是别人用你来赚钱的一种工具,而你就正在被人利用并乐不思蜀。可我们上学的目的是如何利用外物达到自己的目标,比如你要考上软件工程专业就能自己编程序设障碍,让别人想方设法来破解,我给他介绍了考上软件工程的毕业生与他谈谈怎样才能自主地利用计算机,他觉得豁然开朗。他同意除周末外不玩了,并约定由奶奶每天记录他的学习时间以示督促。自此他每天放学都在学校与同学讨论问题或自己做作业,把当天作业在学校完成才回家。我还让他当物理课代表,督促同学们7:30之前交作业,所以他基本没有出现不交作业的情况,还能下课及时向老师请教不会的问题。

案例三:大耍儿毕业于嘉诚中学,外号来源是篮球打得极好,原来是耀华校队的,动作干净漂亮。开学初他被指定为宣传委员,开学后每天中午和放学他都带着我们班男生在操场上打篮球,饭也顾不上吃,每天中午面包加可乐,晚上打到有人赶才走,同学们都说耍儿连睡觉时的姿势都是抱着球准备投篮的。第一次月考结束,他排在年级200名,从他的脸上我看到了惊讶和失望。

对策及成果:我肯定他的基础不错,帮他分析成绩不理想的原因:一是用于学习时间太少,二是对史地等文科极不重视。我规定他中午1点和下午5点之后不能再打球,并平等对待每一门学科,在期中考试中,他在年级前进了180多名成为年级12名,并在年级学习经验交流会上专门谈了自己对处理学与玩的经验,如何更有效率学习。由于成绩的优异又体育锻炼的出色,他在我们班有极高的威信,被评为市级三好生。

案例四:大话儿毕业于河北天慈中学,外号来源是极能白话,而且不管谁谈什么他都参与。这一点在开学后的课堂上得到了验证,他的头可以转360度说话,不停地说,很影响老师讲课,他所坐的位置成了乱窝。第一次月考,他同桌的女生和后面的男生分别是我们班的倒数一、二名,他本人成绩也不理想。

对策及成果:我给他们换了座位,并找到他提了最基本的要求就是上课不要说话,发挥自己理科上的优势,我时刻进行督促和提醒。班里的课堂纪律得到了改进,他在期中考试中年级一次就进步了283名,更使他体会了老师要求的正确性并努力保持和遵守。

案例五:大胆儿毕业于华宁中学,据说没有他怕的人和事,讲义气,军训时一共两个浴室他独占了一个,不是9班的不让进,外号由此而来。他还利用熄灯后的时间给男生讲他不知从哪学来的所谓性知识,影响极其不好。我在处理其他同学问题的时候总从他的眼神中看到一种对老师的不屑和挑衅,所以我没有急于对他处理,而是细心观察了一个月。

对策及成果:月考后我找他分析失利的原因,他说老师我考得不好你批评我吧,但别笑着批评,我害怕。我说你又没犯什么错误,我为什么要批评你,咱俩只是就某些问题交流一下看法。他说原来的老师就没喜欢过他,他也不愿意和老师交流,没那个习惯。但我知道他对自己的成绩和同学对他的态度还是很介意的,于是从初高中的过渡为话题,涉及了处理同学尤其是异性关系的问题,我纠正了一些他的一些错误观念,要求他不要再私下大肆夸张地当他的两性专家。虽然他的情况不太好处理,成绩也没有什么起色,但起码现在他能听从老师的教育,不违反学校纪律,不造成更坏的影响。

案例六:大飘儿毕业于方舟中学,以其好动、灵活、上蹿下跳不得闲而闻名。这个学生对自己没有要求和认识,只对好玩的东西,如动漫、游戏、篮球感兴趣,对搞小恶作剧和接下茬儿乐此不疲,但他的孩子气也使得他很依赖于老师,很介意老师的批评。我在期中考试前说他缺点东西所以考不好,他问我缺什么,我说他缺教育,长不大,他不服,说要长大给我看,结果期中比第一次月考在年级里前进了130多名。但临近期末时他又很可爱地找到我,说自己的学习状态不好怎么办?

对策及成果:我们约定他每天一回家就开始把做每件事的起始时间都记下来,包括玩的时间,转天交给我看,以督促自己提高效率，专时专用。从时间表我发现他回家不过学习2个多小时，不玩游戏10点以前准能完成作业睡觉，我鼓励他，他的潜力真的很大，进入班里前20名没问题，他惊喜地看着我说：是吗，我都没敢想过，我说没问题，只要你像现在这样努力。结果他期末在年级又前进了60多名，使他对自己更有信心、更成熟，也对老师更信赖。

当然，9班还有很多各种各样的"精英"，如人称"少爷"的龚韶旭同学至今仍是我和各位任课老师久攻不下的高精尖难题，他不爱说话，一度被同学戏称为"无语者"，开学半年和周围同学都不认识，也不写作业，也不能7:20到校，到现在历史课默写从没动过笔，各位老师各施手段包括写保证、请家长、耐心劝导、深情鼓励，无一奏效，不写就是不写，作业随性而写，随性而交。但可喜的是这学期他学会在老师找他谈话时申述自己的道理和指出老师的漏洞，还会发泄自己的不满了，能与人正常交流，这也算我们工作中的成绩和他的进步吧！

世俗意义上的差生往往是语言智能和逻辑数理智能不突出，导致成绩不好的学生。多元智能理论告诉我们，不要以单纯学习成绩的好坏来评判一个学生。用多元价值判断学生，充分挖掘学生的潜能，才能打开学生那久已封闭的心灵窗户。所谓的"问题学生"的出现是一个不可回避的问题，但当教师勇于正视这样的学生和问题，并讲究教育的方法和策略的时候，挑战就变成了机会。要做好这项工作，就要具备"三心"：爱心、耐心、责任心。爱心是教育的润滑剂，作为一位教师，特别是班主任老师，对差生要一视同仁。要继承儒家有教无类的泛爱精神。我认为教师的爱如和风细雨、春风化雨，"随风潜入夜，润物细无声"，滋润每一位同学的心田。十年树木，百年树人。教师收获的是精神成果，对人的教育是一个漫长的、反复的熏陶和渗透的过程，不可能立竿见影。班主任不能轻易放弃差生，要有耐心，踏踏实实从点滴做起，从学生细微的进步中体味乐趣。每位同学有不同的优势智能，不同的思想，不同的个性。而且每名学生的思想和心理又是在时时刻刻变化的，所以要关注每位同学的成长，要协调班级同学的关系。韩愈在《师说》中写："师者，所以传道、授业、解惑也。"作为一名班主任，除了承担教学任务，扮演人类文化传承者的角色外，还要做一个管理者，管理班集体，管理学习；一个组织者，组织教学，组织学生参加文体活动；一个心理医生，做学生的思想工作；一个社交高手，要协调同学之间的关系，要做家校联系的桥梁，要做学生和科任之间的纽带。对国家负责，对学校负责，对家长负责，对知识分子的良知负责，身为教师的那份责任心，是扮演好这些角色的基础，更是不放弃任何一个差生的充足理由。

（二）项目式学习细节中发现学生潜能

在工作中，我面对的是15岁~18岁的学生，虽然他们心智尚未成熟，但已经懂道理、明是非，有自律能力。每每开始接高一的时候，我首先向他们讲明基本的校规校纪，然后介绍我的24字带班方略，"平等相待，情敬相融；自尊自律，宽严相济；把握底线，荣辱与共"。学生们都笑称，这是侯老师制定的"行业服务标准"。

先从平等相待说起，有两层含义：同学之间，无论家庭背景、学习成绩,都是平等的。师生之间,老师有管理学生的权力,同时尽到搞好教学的义务;学生有提出问题、寻求帮助的权利,同时尽到完成学习任务、维护班级秩序的义务,大家互相尊重,关系平等。

再说情敬相融。由于年龄差距,学生对老师首先是敬畏。当然,这种敬畏不是体现在严厉的管制,而是体现在班主任的教学业务能力和管理技能上,让学生产生一种理性的敬畏,然后建立起浓厚的师生情。

在整个高中阶段,我会根据教学周期、学生个体情况,分阶段、分对象地开展工作。我在高一第一个月主抓的工作就是建立集体规则,在此基础上,才能在日后的学习生活中做到下面八个字,"自尊自律,宽严相济"。

我带过很多有特殊情况的学生,有的父母不在身边、有的考前易焦虑、有的心理脆弱甚至有障碍。我必然要在他们身上倾注更多精力。

有这样一个学生,高二时来到了我的实验班。但刚一开学,他就多次请假。问他原因,都是些头疼脑热之类的理由。我知道,这背后有问题。我给他父亲打电话询问,他父亲含糊其词地说:"孩子身体不好。我们一直在调整,在调整……"我更加明确了,这个孩子家里有无法言说的问题。他在家过得不好吧,或许在学校更需要我的帮助。

又过了几周,他找到我说:"老师,最近我感觉挺困难的,晚上睡不着觉,白天就头疼,精神不好。"

"有什么事吗?"我试探性地追问。

他终于道出了原委。原来他母亲长期酗酒,喝醉后就在家大闹、摔东西。父亲又长期出差,家里只有他一人承受着母亲的行为。

我也早已为人母，深知母爱对孩子成长的重要性。"要不你跟我回家住？"我想带他调整一阵子。

可他说："不行，我不放心我妈。"

"你以前怎么学习呢？"

"以前我妈闹的时候，我就用头往墙上撞，强迫自己集中精神学习。"

"那哪行啊，现在可不能这样了。"

我想帮他，可他又不能离开母亲，我只好先多多关注他，从其他方面想办法。

一次，我听到一个学生朗读英文文稿，发音标准，语调流畅。原来是他，稿子也是自己写的。他在英语方面的超强能力与自信，实在是同龄人中罕见的。

我发现了他的亮点，借此鼓励、引导他走上正轨，同时向校长做了汇报。校长也希望帮助这样的人才走出困境，安排他在中美交流活动中做接待，他还得到了美方校长的鼓励。

后来我们经常谈话、沟通，帮他维持好正常的学习状态。

在这个故事中，我并不是一味关注学生的成绩。我认为每个学生的能力都不差，只是表现在不同的方面。我要做的，就是准确地发掘出他内在的潜力和主动发展的欲望。

还有一个学生，父母离异，都在国外，他独自在天津上学，还要照顾年近八十的姥姥姥爷。升入高二，他面临着更大的学习压力，我经常帮他疏导。

一次考试,他的成绩明显下滑。我单独找他谈话。他极其苦闷地说:"老师,我真的感到心理压力特别大。我学不下去了。"

此时的我不想教育他,只是说:"来,跟老师抱一个。"

他是个一米八的男生,身板壮实,和我拥抱在一起。我拍着他的肩膀说:"没关系,困难是暂时的,你的学习能力没问题,你要相信自己。"

我们平静地聊聊天,缓解了他的压力。

有一次,他意外扭伤了脚,行动不便。我能做到的就是每天接他上学,带他去医院换药。后来,姥爷住院了,他每天白天上课,晚上在医院值夜班,这样势必会影响学习。我有时也去医院看看,帮他请了护工,渡过这个难关。

我之所以时时处处地照顾他,甚至参与到他的生活中去,是因为我知道他家的困境,他在高中阶段的每一个困难和心理难关,只能靠我来帮助。

我和班里所有的学生都说过:"在学校,你们都是我的孩子,有事一定要找我!"出于长年班主任工作的敏感,我对班里每一名学生的情绪波动,都能在第一时间准确察觉并开展工作,可能是这份职业赋予我的一种特殊能力吧。在心与心的交流中,我明确了这些青春期孩子们的喜好与厌恶,才能融洽地开展工作。正所谓"自尊自律,宽严相济",无论我立的规矩多么严格,我都相信我的学生懂得自我尊重、自我管理,在此前提下,我会更多地给予他们心理上的关注和疏导,不只为了考出好成绩,更为了引导、挖掘出学生的潜力,让他们形成宽广的心态、博大的情怀。我希望每一个学生从我这里学到的,不只是物理。

还有老师问我,同样的道理,他们讲,学生就不听,怎么我一讲,学生就听呢?我觉得,如果老师说的话和家长说的一样,学生肯定听不进去。我的教育是要让学生们学会一种处事态度,那就是从容,也就是把握底线。

有了规则底线的保障,用事物的规律来考虑问题,即使再大的事,我们都有底气冷静、从容地面对。所以在接班之初,我先立规矩、做榜样。日后出现任何问题,我先自省,面对学生开诚布公地表达我可能出现的失误。相应地,学生们也会坦诚面对自身的问题。大家一起从容地分析问题,解决问题。我们彼此自省的过程教会了他们互相体谅,这正是独生子女需要强化的一种品质。

就这样,我带领大家一起把握住底线,再慢慢地学会互相体谅,培养集体意识,把班集体建成大家的荣誉共同体,做到24字方略的最后一个目标"荣辱与共"。

从"平等相待"到"荣辱与共",从我们初相识的彼此尊重到润物细无声般的彼此鼓励与凝聚,这就是我的带班方略。

四、班级项目式学习与行为规范教育相结合

我是津门杰出班主任第一期学员。上周听了谢校长的培训,深受启发并深感赞同,反思自己若干年来的带班理念,忽然就找到了理论依托。尤其是德育为先并不与中高考相违背的观点,我一直践行并反思了一些问题。

总结一下我带班对学生的基本要求,借用了"儒家五常"的说法,赋予了现代意义应用于班级规范要求。仁(善

良）、义（责任担当）、礼（尊师友爱孝亲）、智（果敢冷静）、信（诚信守约）。

十年实践中我发现一个问题，这种理念下带出来的班级在考试中呈现出的两极分化比较严重，自觉的学生真的是全面发展能力又能有极高的成绩，每年的状元甚至前三名都在我班，但是自制力比较差的学生就差很多。我觉得好的方面是每个人的特长和优势都能得到老师的认可，在班级都有存在感，使得部分同学不限于学业成绩的困扰，但这种情况不能得到领导和部分家长的认同，我也很困惑，希望和同仁深度探讨交流。

五、班级项目式学习与班级文化建设相结合

（一）问题的提出

1.班级文化建设

习近平总书记积极稳妥推进文化改革发展，反复强调对青少年培育，践行社会主义核心价值观，提高文化软实力。而班级文化作为学生思想工作的重要载体，所以笔者在班主任工作中着重建设特色班级文化，营造特色积极的文化氛围，充分发挥文化的引领作用。

根据教育部制定的《中小学德育工作指南》，通过学生自主设计主题突出的板报，与时俱进的特色班刊，定期更换的"书香角"，发挥物质文化的育人作用；通过学生一起制定班级公约，设计班徽，确定班训及班级目标，让每个学生都参与其中，探索确立班级特色管理模式，发挥制度文

化的育人作用;通过形式多样的活动构建和谐友好的人际关系,培养学生助人为乐与协作精神,发挥精神文化的育人作用。

2.自主型成长模式的重要性

近年来,我国基础教育界关于"培养什么人"和"如何培养人"有许多很好的思想讨论、政策研究和实践推进,无论核心素养还是关键能力,其要义都是要促进学生全面而有个性的发展。其中,重视并促进学生的自主发展是共识。从内涵上看,自主发展教育至少包含两层含义:其一,强调学生要具有终身学习的意识和能力,学会自主学习;其二,提倡教育要培养学生应对复杂环境的能力,教会学生健康生活。

高中阶段学生处于15岁~18岁年龄段,正是青少年在生理和心理方面快速变化和发展的阶段。但身心可能不平衡发展会产生成长中不稳定的现象,在"成熟"与"幼稚"之间可能会有大范围的徘徊。作为教育工作者,青少年学生既有渴望独立的心理,又有合作交流的期盼;既需要重新建构自我,又会徘徊犹豫的矛盾心理,需要教师不断引导形成和构建积极健康的自主管理能力。

3.培养目标

(1)培养学生敏捷的智慧,丰富的内涵,鲜明的个性,多样的爱好。

(2)结合学校特色"语商"文化提升学生的表达能力、沟通能力、协作能力。

(3)最终实现提升学生人文底蕴、科学精神、自主发展、责任担当等核心素养。

（二）实施班级特色文化引领的方法和步骤

1.创建文化展示平台，找准文化建班"立足点"

班级文化是班级发展的动力，为此我们创办班刊《逐光》，并面向全校师生刊出。在《逐光》的创刊词中学生写道："《逐光》取自梁启超的《少年中国说》，意为'旭日东升，前程光明'，它是由六班同学群策群力，响应学校语商文化的产物，我们相信在全班同学的共同努力下，她一定会拥有巨大的读者群体。"而笔者也在创刊号中写下了班主任寄语：

"十六岁是花季，

十七岁是雨季，

十八岁便是金色的收获季节。

有幸陪你们度过人生最无忧无虑多姿多彩的年华，

有幸参与你们由青涩向成熟的蜕变，

有幸将在你们人生最重要的历练中与你并肩作战。

《逐光》是公众的平台和窗口，

期待六班的同学们，

通过它展现自己敏捷的智慧、丰富的内涵、鲜明的个性、多样的爱好，

通过它提升自己的表达能力、沟通能力、协作能力，抒发理科生特有的浪漫情怀，

通过它在自己的青春修炼手册上留下难以取代的印记。"

由此，《逐光》便开始成为班级文化和学生自我教育成长的展示平台。学生以小组为单位承担编辑和撰稿工作，

三年来共编写110篇。除了展示各种班级活动,还公示了班风、班训、班级公约,供大家监督执行。更有多彩的主题,涵盖了美国总统大选、萨德导弹系统等时政热点问题,报道运动会、篮球赛、微电影拍摄等身边花絮,分享时尚电影评论,发起对各种科学前沿问题的讨论。当看到张贴在楼道里的刊物被老师和其他班同学围观时,学生脸上流露出的就是维护集体的自豪感和责任感。

为了增加归属感,由同学酝酿半年独立填词谱曲创作了班歌——《美丽的梦想》,曲调欢快而坚定,歌词中融入了班风——"友爱,诚信,拼搏,超越",班训——"自律自强,博学笃志",唱出了同学们对自己的激励和对未来的追求。我还组织同学设计特色班徽,多彩旋转的雨滴完美地切合在正六边形内,显示了六班团结的力量,而中间金色的标志性的飞机楼建筑必将承载着同学的梦想,成就高三走出学校时的辉煌。

2.创建班级管理文化,确立民主管理"风向标"

发挥制度育人功能。首先,实行"人人岗位责任制",培养学生的自强自理能力。其次,让在"岗位责任制"中表现突出的学生,由民主选举进入值日班长行列,让他们成为有执行力的核心团队。每天都有一位值日班委统管班级事务,大到学校开会,小到卫生、午自习,每日责任到人,每人熟悉所有管理流程,既任务均衡,又增加了每个人的使命感和责任心。结合学校的各种行为规范评比,每周开一次民主总结会,全体同学树立了"每一分放纵换来更多束缚,每一分自律得到更多自由"的理念,使全班有高度的自我管理和互助管理能力,形成积极向上的正能量。

3.传承传统感恩文化,画好家校共育"同心圆"

感恩是中国传统文化的内核,为了进行感恩教育,开展"给家长一封信"活动,给同学们创造一个向父母吐露心声的机会。学生 L 是一个不太多言的大男孩,青春期的他免不了与家长产生小摩擦,但在给家长的信中,他细致地画上了山水画,并配上诚恳的文字:"亲爱的爸爸妈妈,曾经的孩子已经成长为少年,不敢说我会百分之百听话,只能说会尽量让你们省心。"L 的妈妈读信后激动得泪流满面,反馈消息说没想到平时不太说话的儿子能这么理解自己,感到很欣慰。把心底的爱表述于纸面,使得亲子关系得到显著改善,使学生在家校共育的"同心圆"中得到了自主成长。

新年伊始亲笔给每一位同学写寄语。学生 W 的家长都在美国,他在这里与外祖父母同居,给他写到"你是一个自立又有责任心的孩子,相信你可以遇见更好的自己,记得你不是孤军奋战,老师一直在你身边。"学生 C 是外地务工人员子女,家里三个孩子除了她都因为成绩不好没有接受高中教育,于是鼓励她写道:"无青春,不奋斗,你的命运是掌握在自己手中的!"联欢会上,全班在"聚义厅"面对大蛋糕许下誓言:"虽未同年同月同日生,但愿同年同月同日金榜题名!"同学们自觉地将蛋糕分给老师及物业师傅。感恩任课老师的谆谆教诲,感恩同学们的倾心相助,感恩物业师傅的辛勤付出!感恩一路有你,携手一起前行!

4.开展丰富实践活动,投入自主成长"大熔炉"

组织同学参加学校党课学习,观看爱国影片,传承中华传统文化,排演课本剧,多名同学在经典阅读写作评比中获奖。在辩论赛上，学生舌战群雄，勇夺桂冠。在汉语桥美国校长访华中用流利的英文与美国校长亲切交流。

为帮助学生做好职业生涯规划，邀请高校专家开设教授大讲堂，让同学们对不同专业的就业前景有了深层次的了解；带领学生走进国投北疆发电厂和大神堂风力发电厂，感受家乡先进的生产技术。参观结束后学生在微信朋友圈中写道："今天到家后，打开电灯有了一种仪式感。原来在课本中学电学的时候只觉得这是理论上的，但是今天通过参观，真的觉得是知识与技术改变了世界，觉得自己好渺小……"。学生在活动中得到了自我成长。

结合新时代特点、热点定期召开主题鲜明班会：学习经验交流充分发挥了生生互动引领教育的作用，分享方法效果显著；"我的社会主义核心价值观"鼓励学生围绕理论难点、时事热点开展讨论，通过多种表演形式使价值观深入人心；"缅怀革命先烈"在周邓纪念馆召开，重温领袖爱国情怀；"强化安全意识"帮助大家增强自我保护能力；"十年之约"为自己勾画了未来的愿景和奋斗的目标，引导学生把个人的青春梦、成才梦融入中国梦；"关爱青少年，预防艾滋病"观看宣传视频《断层的生命》，涉足青少年学生性教育。由本班同学导演、并拍摄的反映自闭症现象的微电影《青春昭昭》，参加天津市和平区心理微电影大赛获得一等奖。通过丰富多彩的活动统一的是思想，提升的是素养。

利用传统节庆、重大历史事件活动设计主题教育活动，促进青年学生思想道德水平的提升。在祖国华诞之际为祖国献礼;开展学雷锋活动,维护校园设施、慰问孤寡老人、组织校园义卖,尽绵薄之力奉献爱心。宣传保护环境节约能源,倡导地球熄灯一小时。在活动中强化了学生对国家和社会责任担当的核心素养,充分发挥了精神文化的育人作用,使学生得到全面发展。

(三)成效与反思

多彩班级文化如春风化雨,育人无形,经过探索和实践初步取得了一定的成效。笔者所带班级 2016、2017、2018 年度连续被评为区级优秀班集体,其中 2017 年度被评为市级三好班集体;校运会第一名;最佳优秀队列奖;第八届辩论会第一名。个人奖项有:杨淋臣被评为天津市最美中学生;天津市机器人大赛一等奖,无人机大赛三等奖;高校科学营优秀营员;全国英语演讲比赛一、二等奖;二十中学辩论会最佳辩手;通过日语三级、韩语一级考试;征文四人次获奖,英语竞赛四人次获奖;和平区学校艺术展演获二等奖;区运会四人次获奖,以及其他个人荣誉。

希望我可以唤醒学生的自尊心和责任心,唤醒学生的信义仁孝而担当,唤醒学生对前途的思考而自强。少年强则国强,在我们唤醒一个少年的同时,也将唤醒一个家庭,甚至是社会的未来!

▶▶ 第五章
项目式学习提升学生的主体地位

　　"项目式学习"是依据教育目标和教学内容通过项目研究、项目实施的基本方法，由教师创设教学情境，以项目问题的生成、探究、解决、运用来培养学生的创新精神和实践能力；以学生的发展为本，注重核心素养全面提升的一种探究式学习模式。而小组合作，培养学生的协作精神就是将学生分成若干个合作小组从事学习活动，互促学习，以提高学习成效的一种教学形式。组织合作学习，一方面能培养学生的学习兴趣，激发学生的学习主动性；另一方面，也可以让学生在合作中体验成功，从而培养学生良好的学习习惯和团队协作精神。

　　"探索真实世界，解决真实世界的问题，教给学生们真正实用的知识和能力，而不是应对考试的技巧"，这是哈佛大学霍华德·加德纳教授曾提出的理想的学校教育方式。项目式教学也调动了学生自主学习的积极性，他们为了完成自己的项目，主动查阅资料、主动协作、主动尝试，教师最核心的作用是最初的"项目设计"，以及学习过程中的引导和协助。给学生一个环境和任务，学习自然发生。

一、项目式下互助合作学习理论

新出台的课程标准认为学生的学习活动是一种自主学习与互助学习的过程，是通过生与生、师与生、师与师之间的讨论交流，形成、完善知识与技能的，在此过程中我们应该强调学生在学习过程中的探索创新精神、团体互助精神和不断尝试使用新的方法解决问题的能力。当前，基础教育课程改革正在深入开展，新课标在课程目的、结构、内容、评价和实施等方面有了重大的创新和突破。要真正落实新课标的这些要求，必须深入开展教学改革，而互助合作教学模式是开展教学改革的一种基本教学组织形式和教学策略，同时，教师也要相应地进行角色转变，改变教师以知识讲授为主的传统课堂教学行为，这是当前课改实验深入开展的关键。

互助合作学习的思想源远流长。在西方，早在公元 1 世纪，古罗马学者昆体良（约 35-约 100 年）在其代表作《雄辩术原理》中最早提出了集体教学的设想。他认为，实行集体教学有利于学生互相学习，并接受良好榜样的影响[1]。18 世纪初，英国牧师倍尔和兰喀斯特在英格兰对合作学习进行了广泛的运用。1806 年，兰喀斯特学校在美国纽约成立，于是合作学习的理念从英国传入美国，并受到美国教育家帕克、杜威等人的推崇，杜威还在其创办的芝加哥实验学校中具体实践了小组合作学习。著名社会心理学家道奇提出了关于竞争与合作的目标结构理论，为课堂合作学习理论的创立提供了重要的理论依据，并最终导致了20世纪70年代初在美国兴起了现代的合作学习研究热潮。在我国，早在两千年前，《学记》中就指出"独学而无友，则孤陋而寡闻"。《学记》中还有"相观而善，谓之同学"的观点。20世纪30年代，我国著名教育家陶行知提出并实施了"即知即传"的"小先生制"，让儿童一边当学生，一边当"先生"[2]。20世纪80年代以来，我国中小学教育界对合作学习给予了极大的关注。

建构主义学习理论认为，学习活动不是由教师向学生传递知识，而是学生根据外在信息，通过自己的背景知识，与他人磋商并达成一致的社会建构。科学的学习必须通过对话、沟通的方式，大家提出不同看法以刺激个体反省思考，在交互质疑辩证的过程中，以各种不同的方法解决问题，澄清所生的疑虑，逐渐完成知识的建构，形成正式的科学知识。即学习者通过新旧知识和经验间反复的、双向的相互作用过程而建构成的。因此，新课程强调在学习过程中应注重互动的学习方式，转变学生传统式接受学习的现状，倡导学生"主动参与、乐于探究"，实现学习方式的转变。

互助性学习活动应体现在课堂问答、课内外讨论、课外作业完成和学生"小课题研究"活动、课外活动及信息技术课的学习中，使学生掌握一定的基础知识和技能，培养他们的实践能力和创新意识，使他们情感、态度、价值观等方面得到充分的发挥；培养学生对他人的尊重意识和提出自己不同的见解进行辩论，有利于学生共同发现问题、讨论问题、研究问题并共享成果，为学生的发展奠定良好的基础。

人与人之间良好的互助是时代对人素质的最根本的要求。不难设想,在未来社会中离开了人与人的互助,单枪匹马、孤军奋战是很难取得成功的。培养学生的合作精神和合作技巧不仅是素质教育的组成部分,更是创新教育的重要内容。在课堂教学中恰当地运用"互助合作学习"是充分发挥学生主体作用的一种有效方法,也是当前引导学生主动学习的重要途径。

二、学生互助学习的背景材料分析

(一)课堂教学现状分析

学习活动是一种社会性交往活动,具有鲜明的社会性。学习活动中必然存在着竞争与合作的多重关系,但纯应试教育过度强调竞争,忽视甚至排斥学生之间的合作,给学生带来了很大的心理压力,无益于学生身心健康的发展,更无法实现真正意义上的互助合作学习。传统教学观忽视教学过程的社会性,教学中教师没有为每一个学生提供公平的实现互助合作交往的机会,没有将人际关系、互助合作精神作为推动学生学习、认识发展的重要动力。这不利于学生认知能力、情感能力和社会性的健康发展,同时也不利于素质教育目标的实现。

长期以来,由于受传统教育观念的束缚,教师是主动者,是支配者,学生是被动者,是服从者。教师、学生、家长乃至整个社会都有这样一种潜意识:学生应该服从老师,听话的学生才是好学生。师生之间不能以平等关系探讨科学知识,教师具有绝对的权威,师生间缺乏充分理解与沟通,学生缺乏合作意识与交往技能,适应社会的能力较差。这种被沿用了300多年的班级集体授课制,虽然以其特有的集体教学的优点以及较强的组织性与计划性,保证了教学任务的完成,但由于它以"所有学生发展均一致"为假设前提,对所有学生施以千篇一律的教育,因此不能很好地处理教师与学生、集体与个体、理论与实践的关系,不能充分张扬学生的个性,将学生各自的学习风格和差异转化为宝贵的学习资源,结果导致教学动力匮乏,从而影响课堂教学效率和学生个性的健康发展。基于以上原因,也就阻挠了合作学习的有效实施。

就目前我国的教育体系来说,应试教育的巨大惯性使学生视学校为一个竞争场所,每个人都想胜过他人。分数是衡量学生的唯一标准,谁分数高,谁进名牌大学,这种竞争性结构体系体现的是学生之间的逆向相互依存关系,似乎一个学生成功的可能性越大,其他学生的成功可能性就越小。在竞争的大环境面前,学生、家长、教师、学校乃至整个社会对学生的互助合作学习,共同提高并不以为然。

培养学生学习的主动性不能缺少相应的物质条件,班级条件和规模会限制培养方式。众所周知小班教学是优势,美国小学班容量为23~24名学生,在前总统克林顿的支持下,教育界开展了小班化运动,逐步将班容量降为15人,这样教室里的空间较大,学生与教师的交流也更方便。然而,在我国中小学里,绝大多数班级规模较大,比如目前的教学班人数都在45名左右,可想而知,由一名教师,一节课中让每个学生都有发表见解的机会,都积极主动地参与讨论和探索,困难较大。所以应该使用互助合作学习这一途径,以小组讨论的形式,例如,凡是在物理学科需要帮助的同学都会在老师的适当安排下找比自己学习成绩好的,愿意帮助自己的同班同学来帮助。无论在课上还是课下、课内还是课外,结成互助合作小组。教师要积极为学生服务,把评价放在首位,对于那些善于帮助同学的学生要及时给予表扬,对在同伴帮助下经过一个阶段的努力有了点滴进步的学生更要及时给予鼓励,如此下去,两极分化的现象减少,学生的学习积极性也就越来越高。学生的学习潜力是无穷的,只要我们勇于去开发,去挖掘。

(二)中学生学习现状分析

我国现代社会以科技高度发达、分工与合作日益精细和频繁为重要特征,这无疑极大地改变了儿童的人际交往环境和结构。学生在家中享受惯了唯我独尊,因此缺乏合作意识,变得自私,少有利他行为,缺乏与他人相处和交往的基本意识和能力。这无疑对我国未来社会人才素质培养,特别是少年儿童适应社会的能力以及健康、积极个性的培养提出了更高的要求。同时,也从侧面印证了互助合作学习的必要性和艰巨性。如何避免个体心灵的桎梏和狭隘,从而达到与他人更真诚地合作、更和睦地相处,不仅是现代化生产的必然要求,也是世界整体生存和发展的客观需要。因而"学会合作"已经成为我国新课程改革提倡的教育目标。在互助合作中学习,在学习中互助合作,已成为基础教育中不可轻视的内容。

　　高中生正处于心理成长的关键时期,可塑性较强,但他们刚从中考的拼杀中走出来,已习惯于应试教育中的竞争与淘汰。某调查结果显示,43.6%的同学认为学习是个人的事,因此对别人的学习不需关心;只有3.4%的同学在看到其他同学学习上犯了错误,如抄别人的作业时能指出他的错误,并帮他改正;只有9.6%的同学当看到其他同学学习中遇到问题时会主动去帮助。可见,在实际中优秀生漠视差生的困难与失败,而差生则在诸多的困难与数次的失败中逐渐对自己失去自信,产生人际抗拒。互助合作学习就是要通过开展各种活动,帮助学生重新审视人与人互助的含义,使优秀生看到他人的长处,学会赏识他人并互勉,让差生发现自己的潜能,树立自信并自重。并且,同伴之间年龄相仿,更有勇气谈出自己的疑惑与问题,更容易创设有利于认知成长的"最近发展区"。

　　物理是一门较抽象、深奥的学科,因此,不少高中学生对物理课产生畏惧心理。某高中问卷调查结果显示:只有11.4%的同学对物理课非常喜欢,57.9%的同学不喜欢物理的原因是物理难度太大或自己基础没打好,理解物理问题困难;47%的同学对物理实验的作用缺乏足够的认识,不知道怎样利用物理实验帮助学习;72.7%的同学很愿意做实验,但初中实验的机会很少;65.2%的同学初中只做过课本上有的、学校器材条件具备的分组实验;14.3%的同学从没做过物理分组实验,由于高中学校录取不考实验操作,所以实验内容主要靠老师讲授,学生笔试来训练。由此可见,目前高中生物理学习基础薄弱,同时缺乏兴趣,这为高中物理教学的开展带来很大的困难。而互助合作教学通过学习小组之间的互动、互助,给学生提供了一个宽松而又能充分张扬主体个性的平台,使学生在互补、互动、互助中产生思维上的碰撞,激发学习激情,发挥学习潜能。

未来社会越来越注重个人能否与他人协作共事,能否有效地表达自己的见解,能否概括与吸收他人的意见等。因此,培养学生团结、协作的群体合作精神就显得尤为重要。但环顾我们目前的实际教学情境,互助合作学习的现象还不为多见,尤其是在现行的班级授课制下,师生互动被看作课堂教学的主要活动形式,师师互动、生生互动和全员互动则处于微不足道的地位,学生的课堂交往对象主要是教师,课堂主要是由教师主导,学生在课堂中或者只是"个人",或者只是并无实质性功能联系的所谓班级之一员。换言之,学生在课堂中只是"孤独的个体",于是"独学无友,孤陋寡闻"便成为普遍现象。而教师又往往把全体学生当作"一个"来教,很难满足学生多方面的差异和需求,也限制了学生在不同领域才能的发展,忽视了学生独特的学习可能性。在传统的教学模式中学生不能充分作为学习的主体参与教学,学生的积极情感得不到充分的反馈,意志品质得不到充分的实现,这样的教学模式影响着学生的互助合作精神与创新能力的培养。从教育心理学情感理论来看,学生如若进行愉快和谐、富有成效的互助合作学习,自然会产生快乐有趣的情绪气氛。这种学习氛围一旦形成并保持下去,必会给学生带来高涨的学习热情,推动他们进行孜孜不倦、锲而不舍的努力,有利于学生的全面发展。

(三)对素质教育要求的思考

20世纪80年代以来,我国中小学教育界对合作学习给予了极大地关注。当前,基础教育课程改革正在深入开展,新课标在课程目的、结构、内容、评价和实施等方面有了重大的创新和突破。要真正落实新课标的这些要求,则必须深入开展教学改革,而互助合作学习是开展教学改革的一种基本教学组织形式和教学策略,同时,教师也要相应地进行角色转变,改变教师以知识讲授为主的传统课堂教学行为,这是当前课改实验深入开展的关键。

在教育部制订的全日制普通高级中学《物理课程标准》的课程基本理念中强调,"在课程实施上注重自主学习,提倡教学方式多样化。""通过多样化的教学方式,帮助学生学习物理知识与技能,培养其科学探究能力,使其逐步形成科学态度与科学精神。"而"互助合作"是一种重要的教学方式与教学策略,在长期的应试教育影响下,教学中过度强调甄别和选拔,使学生形成了一种扭曲了的竞争意识和与之相应的利己行为,缺乏合作意识和与人相处交往的能力,这与以合作为主流的现代社会发展是极不合拍的。尤其在独生子女占学生绝大多数的今天,这种状态更加令人担忧。因此,将互助合作教学模式引入物理教学是当前物理教学改革和发展的迫切要求。

合作已渗透到人类社会生活的各个领域、各个层面。以科技发明为例,美国科学家朱克曼在对诺贝尔奖获得者的研究方式进行调查时发现,在诺贝尔奖设立的头25年,合作研究获奖人数占41%,在第二个25年,这一比例为

65%,在第三个25年,该比例达到75%,这一趋势说明,当今高科技发展涉及学科门类越来越多,往往带有综合性,个人的力量总是有限的,必须通过高水平集体的不断合作才能取得新的突破。许多社会学家认为,"合作的交往较之竞争的交往在当今及未来世界显得更为重要。"1994年,联合国教科文组织在《学习——财富蕴藏其中》中强调,教育要围绕四种学习展开,即:学会认知,学会做事,学会共同生活,学会生存。学会认知是使学生学会认知的手段、方法,即学会如何学习;学会做事是使学生具有在一定的环境中工作的能力,包括如何对待困难、解决冲突、承担风险和协调组织等多方面的综合能力;学会生存是使学生学会掌握自己的命运、具有适应环境变化、求得自身的生存与发展所需的应变能力;学会共同生活是使学生学会设身处地去理解他人,消除彼此之间的隔阂、误解与敌对情绪,和周围人群友好相处,并从小培养为实现共同目标而团结合作的精神。这四种能力并不是平等、并列的,正如联合国国际21世纪教育委员会主席雅克·德洛尔所指出的,其中有一种是作为基础来强调的能力,这就是"学会共同生活",其余三种能力则是学会共同生活所不可缺少的基本因素。

(四)建构主义理论作为项目式学习的基础

作为一种学习的哲学,建构主义至少可以追溯到18世纪拿破仑时代的哲学家维柯,他曾经指出,人们只能清晰地理解他们自己所建构的一切。21世纪对建构主义思想的发展做出重要贡献并将其应用于课堂和儿童学习与发展的主要有杜威、波亚杰和维果茨基等人。

1. 杜威的经验性学习理论

杜威认为,真正的理解是与事物怎样动作和事情怎样做有关的,理解在本质上是联系动作的。由此出发,他将立足于"行动"的学习与不确定情境中的探索联系在一起,正是情境内在独特的、积极的、不确定性才能使探索存在并激励和指导着探索的前进。杜威强调,教育必须建立在经验的基础上,教育就是经验的生成和经验的改造,学生从经验中产生问题,而问题又可以激发他们运用探索到的知识去产生新概念。

2. 维果茨基教育思想

俄国杰出的心理学家维果茨基的研究对于理解建构主义也是十分重要的。维果茨基坚信,儿童是在摆脱日常概念和成人概念的"张力"中学习科学概念的。如果仅仅将源于成人世界的现成的概念呈现给儿童,那么他就只能记忆成人有关这一想法所说的一切。他强调,个体的学习是在一定的历史、社会文化背景下进行的,社会可以对个体的学习发展起到重要的支持和促进作用。维果茨基很重视学生原有的经验与新知识之间的相互作用。他们将学习者的日常经验称为"自下而上的知识",而把他们在学校里学习的知识称为"自上而下的知识",自下而上的知识只有与自上而下的知识相联系,才能成为自觉的、系统的知识;而自上而下的知识只有与自下而上的知识相联系,才能获得成长的基础。

3. 皮亚杰的建构主义观点

建构主义的先导当属皮亚杰。皮亚杰的建构主义基于他有关儿童心理发展的观点。他发展了发生认识论,区分出一个孩子在建构一种世界模式时,必须经过不同的认识阶段。他确信,学习最基本的原理就是发现。根据皮亚杰的观点,他认为知识既非来自主体,也非来自客体,而是在主体与客体之间的相互作用过程中建构起来的。一方面,新经验要获得意义需要以原来的经验为基础;另一方面,新经验的进入又会使原有的经验发生一定的改变,使它得到丰富、调整或改造,这就是双向的建构过程。

建构主义认为,学习是学生主动建构内部心理表征的过程,是根据自己所知道的东西构造出一个内在的结构或图式,用以吸收、接纳和解释新信息,主动地选择一些信息,并从中得出推论。学生与环境的相互作用涉及两个基本过程:“同化”与“顺应”,同化是认知结构数量的扩充(图式扩充),而顺应则是认知结构性质的改变(图式改变),学生的学习是“同化”和“顺应”的认知建构过程经历“平衡-不平衡-新的平衡”的认知发展过程。建构主义学习理论提倡教师指导下的以学生为中心的学习,强调个体的自主性在建构认知结构过程中的关键作用。与建构主义学习理论相适应的教学模式可以概括为:“以学生为中心,在整个教学过程中由教师起组织者、指导者、帮助者和促进者的作用,利用情境、协作、会话等学习环境要素充分发挥学生的主动性、积极性和首创精神,最终达到使学生有效地实现对当前所学知识的意义建构的目的。”在同伴互助合作小组中,学生共同批判地考察各种理论、观点和假说,每位学生的思维与智慧可以被整个群体所共享,即整个学生群体共同完成对所学知识的意义建构。

5.建构主义理论与课堂教学整合——互助合作教学模式的提出

互助合作学习是学习的一种组织形式,与个体学习并列。互助学习是指学生在小组或团队中为了完成共同的任务,有明确的责任分工的互助性学习。互助学习是一种社会型学习模式,致力于构建一种学习群体。通常以小组学习为主要形式。

维果茨基指出:"教学的最重要的特征是教学创造着最近发展区这一事实,也就是教学引起与推动儿童一系列内部的发展过程,这些内部的发展过程现在对儿童来说只有在与周围人的相互关系以及与同伴们的共同活动的范围内才是可能的,但是由于经过了内部发展进程后来才成为儿童自身的内部财富。"维果茨基对最近发展区的定义使后来的学者们从两个方面探讨同伴交往的认知功能:一是同伴互教,即由更有能力的同学充当导师的角色;二是同伴协作,即同学之间平等地进行交流,开展协作。我们知道,学生的现有发展水平是学生已经形成的发展水平,它是学生在过去的学习过程中不断积累的结果,而潜在发展水平则是一种未来的状态,是一种还未形成,或者说还尚待形成的状态。当学生由现有发展水平发展到与其相适应的"潜在发展水平"时,我们就可以说学生实现了发展。与此类似的,皮亚杰认为,社会经验知识——语言、价值、规则、道德和符号系统——只能在与他人的相互作用中才能习得。皮亚杰主义者还进一步指出,学生们就学习任务所进行的相互作用本身便可以提高学生的成绩。学生们将能从中相互学习,因为在问题的讨论中,必将产生认知冲突,不充足的推论会得以暴露.最终会导致高质量的理解。

而认知心理学的研究也已证明,如果要使信息保持在记忆中,并与记忆中已有的信息相联系,学习者必须对材料进行某种形式的认知重组或精制。美国威斯康星大学的莱文提出:"学习中的精制是使人们更好地记住正在学习的东西而做的充实意义的添加、构建,或者生发。"长期以来关于同伴互教互助活动的研究发现,在学业成绩方面,教者与被教者均能从中受益。诺思里·韦伯还在研究中发现,在合作活动中,受益最大的是那些给他人做详细解释工作的学生。还有一种观点是基于这样一种观念,即合作学习增加了练习或背诵材料的机会。直接教学的理论家们认为,练习的机会是决定教学效果的重要因素。因此,一些理论家从练习的角度解释了互助合作学习之所以有效的原因。

一个几十人的教学班,学生的学习情况各不相同,有的知识面较广,思维较敏捷;也有的反应较缓慢,记忆力不强。针对大班教学的实际,重视学生间相互协作的小组活动,开展互助合作学习是十分必要的。几个人按小组围坐在一起,同学间年龄相仿,感觉平等、亲切,心理上更为轻松、自由,便于彼此之间信息、情感交流,增强相互激励感,对减轻中下生的心理负担尤其重要。这也是教学活动中以学生为主体的外显标志,体现了"以生为本"的教育思想。由于每位学生都属于一个特定的互助合作小组,学生之间互相帮助,共同完成学习任务;课下互相督促和检查,复习和巩固所学知识及技能。通过小组之间的互助合作学习,努力让每一个学生在积极的学习氛围中得到全面、和谐、健康的发展。转入复习阶段,由于涉及的知识点较多,学生的学习情况又不尽相同,教师有时难以控制复习进度,互助合作学习乃是解决这一难题的好方法。它能够打破传统教学所受的时间、内容、场所等的限制,充分提供广阔的空间,创造机会让每一个学生都动口、动手、动脑。

在互助合作学习中,教师应该提出一定的要求,使各组朝着奋斗目标努力,并且要及时检查、指导和表扬,使学生体会成功带来的喜悦之感。例如,小组开展每日一听、每日一句、每日一谈、每周一写等活动,具体内容由组长安排或由组员共同商量。正因为每组学生都确立了明确的学习目标,因此他们就在不知不觉中把个人间的竞争变成了小组间的竞争,形成组内合作、组间竞争的局面,增强了集体荣誉感,激发了学生参与学习、乐于学习的动机。通过互助小组学习,学生互相启发和交流,发挥群体协作的精神,让教学得到事半功倍的效果。

三、互动合作小组学习实践

(一)科学高效地进行分组

1.分组要求

在大班中要想发挥每个学生的主体作用,就必须在课堂教学中积极采用互助合作的教学模式,即采用小组学习的形式提高单位时间中学生学习、交往、表达等的频率和实效。小组中互助合作学习可以克服集体授课带来的一些弊端——"一锅炒",那么怎样进行小组人员的配合,才能使小组互助功能发挥好呢?

(1)要遵循分组的原则。在组建学习小组时采取异质分组。教师必须考虑到学生的性格、性别、兴趣、学习能力等方面,使他们在这方面相互影响、相互促进、相互带动,选定组长,使其成为组内核心。同时也要注重组长轮换,使每个学生接触面更广,增强他们与人协作的能力。

(2)在课堂教学中充分发挥互助合作的优势。在教学中必须坚持以学生为主体,教师为主导的原则。在教学的过程中,要把教师的主导作用真正放在指导学生的能动作用上来,要给学生充分的时间空间,减少对学生的限制,发挥小组教学的优势,多给学生表现、活动的机会,真正摆正学生在课堂教学中的主体地位,讨论时让小组成员充分参与,发表意见,激发学生学习的主动性。在组内质疑中由优生带差生,解决疑难。教师要多关注差生的动向,对于提出的问题,教师要倍加关注调动学生自主学习的动力。

(3)在练习巩固中充分运用互助合作学习的形式,异质分组。学生的能力、知识各方面水平不同,对课堂知识的掌握程度也有所不同,对于基础题的完成教师只需要全方位调控,掌握反馈情况即可,组内的优生帮助差生完全可以解决基础题中的困难,大大提高训练量及培养了学生团结协作的集体观念。对于拔高题则要通过小组讨论互助的方式,调动学生的思维灵活性,培养学生的发散思维,实现"优生吃饱,帮一帮! 中等生吃了,说一说! 差生消化得了,笑一笑!"这样把分层练习落到实处,训练的既全面又深入。

（4）互助合作学习要延伸到课下。课上以小组为单位学习，课下学生自然而然也以小组为单位进行学习。小组间的竞争成为学生自主学习的动力，课下小组互助学习可以更好地完成作业，同时优生也能及时对差生进行辅导，大大提高学习内容转化速度，差生成长得更快。

互助合作在提高学习质量和培养学生能力的同时，重在培养学生参与能力、合作能力、竞争意识以此形成良好的心理素质，最终达到主动发展，自主学习的目的。

2.分组合作要素

目前，实践应用的合作学习的方法和策略种类繁多，异彩纷呈。但对于任何一种形式的合作学习来说，有一些基本要素是共有的。合作学习的重要代表人物美国明尼苏达大学"合作学习中心"的约翰逊兄弟认为，有5个要素是合作学习不可缺少的，这些要素是：

（1）积极互赖

积极互赖，指学生们知道他们不仅要为自己的学习负责，而且要为其所在小组的其他同伴的学习负责。为了使学生关心彼此的学习，他们必须坚信他们之间是"人人为我，我为人人"的关系，他们是"荣辱与共"的。换句话说，"积极互赖存在于当学生们认识到他们是以这样一种方式与小组组员联系在一起的时候，即除非他们的组员取得成功，否则他们自己也不能获得成功（反之亦然），他们必须将自己的努力同其组员的努力协调起来以完成某个任务。"

在一个小组中，有如下方式可以构建积极的相互依赖。积极的目标互赖，全组要完成至少一个共同目标；积极的奖励互赖，其他组员受奖励时，每个组员也会受奖励；

积极的角色互赖,小组为了完成某一任务,各组员被分配一些互补性的、相互联系的角色,例如,总结人、记录员、检查者、精确性裁判①、联络员、观察员;积极的资料互赖,每个组员只拥有完成某项任务所需的一部分信息、资料和工具;积极的身份互赖,全组共享一个身份;积极的外部对手互赖,全组组员合作战胜共同对手;积极的想象互赖,全组都想象自己在共同的虚拟情景中学习;积极的环境互赖,全组合作学习时紧紧围坐在一起;等等。其中,前五种互赖是主要的。

（2）面对面地促进性互动

合作学习要求学生进行面对面地相互作用,由此促进彼此的学业成绩。从本质上讲,积极互赖使教学结果发生变化是由于它所激发的学生之间的相互作用和言语交流。在合作学习课上,教师应当最大限度地提供机会使学生互帮互助、相互支持、相互鼓励,并对彼此为学会而付出的努力给予赞扬。

（3）个人责任

个人责任是指每个学生都必须承担一定的学习任务,并掌握所分配的任务。要落实个人责任,就必须评估每个学生的作业并把结果返回到小组和个人。小组成员必须知道在完成作业的过程中谁最需要帮助、支持和鼓励。并保证不能有人搭便车,不劳而获。合作学习小组的目的就是使每个人在可能的范围内成为强者。而个人责任则是使所有小组成员通过合作性学习取得进步的关键。通过

---

①精确性裁判:负责纠正别人在解释或总结中的任何错误。

合作学习,小组成员就能为将来完成类似的作业打下良好的基础。

(4)社交技能

在合作学习中,教师必须教会学生一些社交技能,以进行高质量的合作。小组要进行创造性的活动,教师必须激发他们运用这些社交技能的动机。一般来讲,学生的社交技能越高,教师对学生运用社交技能的奖励以及对社交技能教学给予的关注越大,那么学生从合作学习中获得的学业成绩就会越高。为了协调各种努力以达成共同的目标,学生必须:①彼此认可和相互信任;②进行准确的交流;③彼此接纳和支持;④建设性地解决问题。总之,要使所有学生都能进行有效地沟通,学会共同活动的有效方式,建立并维持小组成员之间的相互信任,并有效地解决组内的冲突,必须以良好的社交技能作为中介。

(5)小组自评

为了保持小组活动的有效性,合作小组必须定期地评价小组成员共同活动的情况,这就是"小组自评"。小组自评可以描述为小组成员对小组在某一活动时期内,哪些组员的活动有益和无益,哪些活动可以继续或需要改进的一种反思。小组自评的目的在于提高小组在达成共同目标中的有效性,是合作学习的一个关键成分。

3.小组合作互助过程

(1)编排小组

小组的编排是开展合作学习时需首要考虑的问题,因为只有建立起行之有效的合作学习小组,合作学习活动才能顺利地开展和实施。从量上来考虑,一般以2~6人为宜;

从质上来考虑,应坚持两个原则:一是组内异质,二是组间同质。

①所谓组内异质就是指每一个小组内的学生都应该各具特色,以便使他们之间能够彼此取长补短、优势互补。首先,根据测验保证同一小组内学生的学习成绩有差异,使不同学习程度的学生都能从合作学习中受益;其次,学生的能力各有侧重,有的观察能力强,有的口头表达能力强,有的思维灵活,将具有不同能力优势的学生编在一组,有利于提高小组活动效率及合作小组成员的全面发展;最后,根据不同性别的学生在认知风格、能力方面的差异,采取男女生混编方式,可以开阔学生观察、分析、解决问题的视角,发散思维,同时促使小组整体在学习与处理问题方面更为理性和严谨。

②所谓组间同质就是指每一个小组之间都应该具有同样的水平,同样的条件,以使小组能够开展公平的竞争。小组内的角色可分为九类:协调员、活跃分子、实施者、资源开发者、引导者、监督/评估员、合作者、完成者、专家。因此,教师在组建合作学习小组时,要考虑在小组中需要哪些成员,各成员要承担什么样的角色。

③具体实验。教师将所教的高二(5)、(6)班分别作为实验班和对照班,根据测验成绩和对学生的了解,根据实验班学生(45人)对物理学习的兴趣、与他人合作意识的强弱、性别、组织能力等,按每4人为一组进行分组。把实验班中的全体学生按成绩从最高排至最低,每组包括一名优等生、一名差生、二名中等生,尽量使各小组总体水平保持一致,每个小组都应是全班的缩影或截面。同时,全班分

10个异质小组,其中有一组5人。组号分别编为A、B、C、D……,组员分别编为A1、A2、A3、A4……并对小组成员进行分工,分工类型应根据课型来确定。例如,概念知识学习课,可分工为:主持者(负责主持合作学习活动的进行,检查组员任务完成情况);记录者(负责把合作学习结果进行记录整理);发言者(负责组间交流时阐述本组的结论或观点);总结者(负责把小组成员的意见进行综述总结)。实验探究课,小组角色可分为:操作者(主要负责动手完成实验过程);观察者(主要负责观察实验现象);记录者(主要负责记录实验结果及数据);总结者(将实验过程和结果进行总结,得出结论并写出实验或探究报告)。合作中的角色分工是相对的,要注意小组的整体性,分工不分家。在合作中,成员间要经常进行角色轮换。在教学实验中采用每课题轮换一次的方式。

(2)进行互助合作设计,明确目标

新课前教师出示学习目标并进行相关引导,备课时首先从互助合作学习的角度重新审视教材,由以往注重教学的认知功能,转变为更加注重学生的学习活动,把教学的重点放在引导学生的"学"上;注意满足学生的心理需要,精心考虑如何提出问题才更能引发学生探究的兴趣,如何养成合作习惯,努力推进互助合作活动的开展。

(3)小组互助合作学习

在实施互助合作教学时,有师生合作和生生合作两种形式,生生合作又可以分为组内合作和组际合作。师生合作是指在教师指导下的合作活动,教师既可以指导全班同学,又可以在个别同学遇到困难时指导个别同学。组内合作的主要形式有小组长发言式、推选组员发言式、茶馆发言式(各抒己见)、两两相对式(针对某一个问题或从某一角度两两讨论)、接力式发言(一个接一个依次发表见解)。组际交流的形式有自由式、分进合作式、竞赛式。互助合作教学形式的多样性,对教师互助合作教学内容的设计提出了更高的要求,它要求教师要根据教学内容的特点,选择最适合的互助合作教学方式,只有内容与方式的有机契合,才能发挥互助合作的优势。

通过小组成员互动、互补功能,使学生在共同操作、互助合作中以优带后、共同提高。

(4)归纳总结

每组派一名同学汇报本组成果,其他组员对不足之处再进行补充;其他小组成员可就每组汇报内容提出问题,由汇报组成员解答;最后教师总结各小组成果,引导学生得出正确结论。教师总结本节课知识要点,有针对性地讲学生提出的带有普遍性的问题和教材中的重点、难点。教师对小组合作学习进行课后跟踪调查、收集反馈信息、反思成果与不足、对学习进行全面的评价是十分必要的,这样做有利于改进教学。教师可以通过课堂观察、作业批改、找学生谈话等方式收集信息,反思取得成功的经验和不足之处的教训,进而针对每个小组的表现再做具体的指导,促使每个小组都进行反思,这样慢慢会形成小组合作学习的良性循环。

(5)测验

每节课随堂进行基础性测试,可以以组内讨论和组间竞争的形式进行,巩固并掌握基础知识;还可以采取随机提问,即随机提问小组中的某个成员,根据他的表现评价小组活动的质量。由于提问的随机性,每个组员都有可能代表小组展示学习成果,如不积极参与小组活动,在被提问时难以应答,整个小组就得不到好的评价(组内每位同学的得分都很低);也可以个别测试,是指在小组学习时各成员之间可以交流互助,但在教师检查学习质量时,则要求每个学生独立完成测试,并根据组内每位同学的测试成绩评价、奖励小组活动。这样,由于奖励的相互依赖性,就会在小组成员中产生一种群体压力,促使每位同学认真投入合作学习中,充分体现小组成员的积极互赖性。

(6)学习评价

评价是互助合作学习必不可少的一环。以学习者自主学习为中心的互助合作学习评价突破传统教学中对学习单一的作业评价、考试评价等模式,出现个人评价与小组评价、自我评价与同伴评价、学习者评价与教师评价等模式,这几组评价模式以前者为主,但又可多重结合。评价内容有过程评价与结果评价,其中以过程评价为主,主要评价学习者在小组协作中的行为表现、积极性、参与度以及学习者在活动中情感、态度、能力的生成变化,应着眼于调动学习小组进一步合作的动力及学生个体学习的积极性,激发和维持其学习动机。

3.项目式学习小组合作模式下的学习效果

小组互助合作模式有利于提高学生学习成绩,有利于提高学生对学习的兴趣,有利于培养学生学习的主动性和学习态度,有利于提高学生学习能力。

对实验班采取以实验为主的研究方法,即采取"组前测后测实验设计模式",并将实验前后被试的学习成绩进行比较。同时还辅助以调查法、统计法等,使实验过程中的研究方法做到可测可操作。对实验班采取互助合作式教学模式,对对照班采取传统讲授式的教学模式。

(1)测量工具

①统考测试卷,具有较好的信度、效度。

②学习兴趣问卷调查。该调查问卷已经发表在1998年第5期的《物理教师》上。此问卷均是被试者在物理学习中经历过的情景,具有一定的代表性,内容非常贴近本研究方向,适合高中生的心理特点,该问卷经过多位教育专家的审阅,可以保证问卷内容具有可靠的信度和较高的内容效度。

学习兴趣问卷

你好!为增进师生间的了解,以共同搞好物理教学,特进行本次问卷调查,本次调查采用不记名形式。本问卷均为是非题,每题均有两个选项,请根据自己的实际情况,将其中一个填入题后括号内。请认真作答。

1.上物理课时我经常希望快些下课。( )

A.是 　　　　B.否

2.课下我喜欢翻阅物理课本上老师还未讲到的内容。( )

A.是 　　　　B.否

3.解完物理题后,我常想一想还有没有其他方法。( )

A.是 　　　　B.否

4.物理作业批改后,我常仔细看一看。( )

A.是 　　　　B.否

5.使我最感枯燥无味的课是物理课。（　　）

　　A.是　　　　　　　　B.否

6.我喜欢听每一位老师的课。（　　）

　　A.是　　　　　　　　B.否

7.物理课本上有些不重要的内容老师不讲或讲得很少时,我常自己阅读这些内容。（　　）

　　A.是　　　　　　　　B.否

8.一做物理作业,我就想打呵欠。（　　）

　　A.是　　　　　　　　B.否

9.课下我常跟同学们讨论物理问题。（　　）

　　A.是　　　　　　　　B.否

10.我渴望读更多的物理课外书籍。（　　）

　　A.是　　　　　　　　B.否

11.总的说来,我对物理学没有好感。（　　）

　　A.是　　　　　　　　B.否

12.我对物理学不感兴趣。（　　）

　　A.是　　　　　　　　B.否

13.物理课上教师提出问题时,我常积极思考。（　　）

　　A.是　　　　　　　　B.否

14.复习物理时,我常常想一想物理公式和结论是怎么得出的。（　　）

　　A.是　　　　　　　　B.否

15.我希望参加物理竞赛。（　　）

　　A.是　　　　　　　　B.否

16.我常将日常生活中的一些现象同已学过的物理知识相联系。（　　）

　　A.是　　　　　　　　B.否

17. 老师说的话我都照办。( )

A.是　　　　　　　B.否

18. 我讨厌做物理测试题。( )

A.是　　　　　　　B.否

19. 我喜欢理清物理概念之间的区别和联系。( )

A.是　　　　　　　B.否

20. 上物理实验课时,我常争取自己动手操作。( )

A.是　　　　　　　B.否

21. 物理课上我总是积极思考老师讲授的内容。( )

A.是　　　　　　　B.否

22. 我经常就学习物理中遇到的疑难问题请教老师。( )

A.是　　　　　　　B.否

23. 我听课从不走神。( )

A.是　　　　　　　B.否

24. 我常盼望着上物理课。( )

A.是　　　　　　　B.否

25. 不到临考时,我不愿意复习物理。( )

A.是　　　　　　　B.否

26. 观察了老师演示的物理现象后,我常积极思考为什么会发生这种现象。( )

A.是　　　　　　　B.否

27. 遇到物理难题时,我常感到心烦。( )

A.是　　　　　　　B.否

28. 物理课上我的思维很活跃。( )

A.是　　　　　　　B.否

29.我有时会把今天的事放到明天去做。（　）

　　A.是　　　　　　　B.否

30.当学了一个新的物理规律时,我很想亲自动手做实验验证它。（　）

　　A.是　　　　　　　B.否

31.我希望老师不布置物理作业。（　）

　　A.是　　　　　　　B.否

32.遇到物理难题时,我总想方设法解决。（　）

　　A.是　　　　　　　B.否

33.若由于物理老师有事或其他原因,在物理课时间上其他文化课,我会感到失望。（　）

　　A.是　　　　　　　B.否

34.我觉得读物理书不是一件快乐的事。（　）

　　A.是　　　　　　　B.否

35.我有时会对学习产生畏难情绪。（　）

　　A.是　　　　　　　B.否

36.我经常用学到的物理知识解释生活中的一些现象。（　）

　　A.是　　　　　　　B.否

37.我常觉得学习物理是一种负担。（　）

　　A.是　　　　　　　B.否

38.物理课上我常不能集中精力。（　）

　　A.是　　　　　　　B.否

39.我觉得物理学很有趣,非常吸引人。（　）

　　A.是　　　　　　　B.否

40.如果我班成立物理课外活动小组,我肯定不参加。(　　)

　　A.是　　　　　　B.否

41.我喜欢所有的课程。(　　)

　　A.是　　　　　　B.否

42.我经常阅读物理课外书籍。(　　)

　　A.是　　　　　　B.否

43.如果课前得知物理课不上了,我会感到高兴。(　　)

　　A.是　　　　　　B.否

44.物理课上,我常希望老师提问自己。(　　)

　　A.是　　　　　　B.否

45.当老师讲一个物理实例时,我常想出类似的例子。(　　)

　　A.是　　　　　　B.否

46.上物理课时,我常常怀着焦急的心情等待下课的铃声。(　　)

　　A.是　　　　　　B.否

47.我喜欢教过我的每一位老师。(　　)

　　A.是　　　　　　B.否

48.我很愿意攻克较难的物理问题。(　　)

　　A.是　　　　　　B.否

49.物理课上我常常昏昏沉沉,无精打采。(　　)

　　A.是　　　　　　B.否

50.上物理实验课时常常由别的同学操作,我只是记下数据。(　　)

　　A.是　　　　　　B.否

51.我一听到物理学,就产生反感。( )

A.是　　　　　　B.否

52.我希望老师就某些重要内容讲得比物理课本深一些。( )

A.是　　　　　　B.否

53.我们物理老师的每一堂课都非常成功。( )

A.是　　　　　　B.否

54.在我们学习的所有课程中,我最喜欢物理。( )

A.是　　　　　　B.否

55.我对物理考试成绩并不关心。( )

A.是　　　　　　B.否

56.我将来决不报考与物理有关的专业。( )

A.是　　　　　　B.否

57.做一定难度的物理习题,我感到愉快。( )

A.是　　　　　　B.否

58.有时我也讲些假话。( )

A.是　　　　　　B.否

59.我希望老师把演示实验变成学生实验,由我们同学自己操作仪器得出结论。( )

　　A.是　　　　　　B.否

60.我在每次考试中都能发挥出最好水平,无一例外。( )

　　A.是　　　　　　B.否

③学习态度及能力问卷调查。该调查问卷已经发表在中英国际心理网上,具有较好的信度和效度。

学习态度及能力问卷

请你仔细阅读下列每一道题,根据题中所叙述的内容与你自身的相符合程度,按A、B、C、D四个等级加以评定。注意,要按照你自己的真实情况作答,不要故意掩饰。A、B、C、D的具体含义如下:

A.完全符合自己的情况;

B.大体上符合自己的情况;

C.有一些符合自己的情况;

D.完全不符合自己的。

1.上课时,我的头脑里往往会想些别的事情,以致老师讲解的许多内容,我似乎没有听到。　　　　　　　　（　　）

2.准备考试时,要我自己根据教科书预先写出复习题答案,我感到困难。　　　　　　　　　　　　　　（　　）

3.学科中我认为特别重要的或特别难学的章节,我总争取在课前或前一晚上做预习。　　　　　　　　（　　）

4.我平时不定什么学习计划,即使是寒、暑假期间或温书迎考阶段也是一样。　　　　　　　　　　　（　　）

5.阅读课本或其他读物时,我自己很少用红蓝笔或其他笔画线、做记号。　　　　　　　　　　　　（　　）

6.听老师讲课时,我总喜欢动笔记一些要点、纲要。（　　）

7.老师写的板书或进行的演示实验,我也想看清楚,但是如果看不清楚,我也就算了,至于它说明什么问题,我并不很在意。　　　　　　　　　　　　　　　　（　　）

8.学过的知识我记住不少,只是在我的头脑中显得比较乱,以至于要用时一下子想不起来。　　　　（　　）

9.作业中有些不好解答的题目,我总要自己尽力想办法解答,不到万不得已,不去问老师或同学。（　）

10.我常常由于能有条理地、扼要地回答老师的提问而受到表扬。（　）

11.上课或自己复习功课时,我常常觉得时间过得很慢。（　）

12.我不善言辞,在课堂上回答老师提问或在小组讨论中发言,往往不能把自己想说的话有系统地、有重点地表达出来。（　）

13.我喜欢独自学习、独立思考,但遇到问题时我也喜欢和同学们一起讨论。（　）

14.听老师讲解一种知识时,我自己往往还联想起与此有关的一些知识事例。（　）

15.我学习时很少提问题,有些教材我读不懂,往往也提不出明确的问题。（　）

16.对实验课我不太重视,而且我也不怎么喜欢动手做实验。（　）

17.学习比较抽象的知识时,我总是努力联系实际,或举出一些具体的例子去说明它。（　）

18.考试时,我常常很紧张,以至于有些本来会做的题目也做不出来,或是做错了。（　）

19.我认为学习时能记住定理、公式、定义、结论就可以了,至于它们是怎么产生的(论证的过程)我不是很重视。（　）

20.我重视学习经验的总结,并时常和同学们交流学习经验。（　）

在传统讲授式的教学模式中,学生学得的知识有三部分:教科书提供的知识、教师个人的知识、师生互动产生的知识,而在互助合作式的教学模式中,学生的知识结构将包括教科书提供的知识、教师个人的知识、师生互动产生的知识以及生生互动产生的知识四部分。

两类教学方式的课堂若干特征比较

传统讲授式	互助合作式
眼睛看着自己的书，不要看别人	看看同伴正在做什么，这样就可以向他学习，有需要时帮助他，并与他分享观点和材料
不要交头接耳	和周围同学交流，相互交换一下意见，看看有什么疑问、说明和建议
每个人干自己的	和别人分享学习
如果需要帮助请向老师提出	如果需要帮助，在问老师之前先问问小组同学
每个学生都争着吸引老师的注意	给每个学生在小组中发言的机会
获得外在激励报偿，如分数、表扬等	既有额外的奖励，也有内部激励

（2）教学效果的直接测量

学生成绩的正确评定是完成此次实验的重要步骤,也是落实本实验教学模式的重要举措。通过成绩的评定反应学生的能力有所提高,并真正了解这种教学模式的优势所在,在今后的学习中自觉自愿地去实施,真正做到提高学生自主学习和互助合作学习的能力。

将和平区2006—2007学年高一第二学期期末统考测试卷作为测试工具,具有较好的信度和效度,并将这次考试的成绩作为实验的前测成绩。

表1　研究前实验班与对照班物理成绩比较表

样本	人数	平均分	标准差	方差	差异显著性检测（P）	
实验班	36	76.14	10.18	0.26	P>0.05	不显著
对照班	36	76.75	9.97			

图1　研究前实验班与对照班物理成绩比较

注：为了探究实验的有效性选取了平均成绩较低而离散度较大的班级作为实验班。

由表1和图1可知实验班与对照班的高一第二学期期末学习成绩基本相同，差异不显著。

在高二第一学期至目前共进行了4次正式的测验，测试工具均为和平区物理质量监测试卷，这些试卷有一定的代表性和综合性，信度、效度较好，难度和区分度适中。测验成绩见附录八，测试结果比较见下表2和图2。

表2　实验班与对照班各次单元测试成绩比较表

	样本	人数	平均分	标准差	方差	差异显著性检测（P）	
1	实验班	36	66.5	10.15	0.35	P>0.05	不显著
	对照班	36	67.7	10.11			
2	实验班	36	73.1	10.65	0.28	P>0.05	不显著
	对照班	36	72.4	10.50			

续表

	样本	人数	平均分	标准差	方差	差异显著性检测（P）	
3	实验班	36	84.1	9.13	0.55	P>0.05	不显著
	对照班	36	82.9	9.29			
4	实验班	36	88.9	7.51	1.98	P<0.05	较显著
	对照班	36	85.6	9.09			

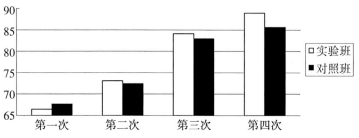

图2　实验班与对照班四次单元测试成绩比较表

由表2和图2各次测验平均成绩（具体成绩见附录七）得知，实验开始时由于实验班学生对新的教学形式不熟悉，所以实验的效果并不明显，成绩较低，但随着实验的进行，实验班的学生对新的教学形式越来越适应，学习成绩逐渐好转，最终出现较显著的优势。

表2中的标准差数值显示，从实验开始后实验班的标准差数值相对于对照班有逐渐缩小的趋势，这说明实验班两极分化的程度在逐渐缩小，表明互助合作式教学模式有利于控制班级成绩两极分化。

分析其原因，可能是经过合作互助小组内部和小组间的讨论、争辩，使学生产生认知上的冲突，暴露出自己不充分的推理过程，发现自身认知的不平衡，从而有意识地丰富自己，达到更高质量的理解和知识的优化。同时，合作学习使学习困难生在小组中学习动机、兴趣和热情都有所提高,他们克服了自卑心理,在优秀同学的帮助下焦虑程度大幅下降,达到共同进步,使自己的成绩大幅度提高。

（3）教学效果的间接测量

表3　实验班与对照班物理学习兴趣测试结果比较

名称	样本	人数	平均分	标准差	方差	差异显著性检测（P）	
前测	实验班	36	38.31	4.82	0.10	P>0.05	不显著
	对照班	36	38.42	4.62			
后测	实验班	36	41.17	4.27	2.74	P<0.05	较显著
	对照班	36	38.22	4.84			

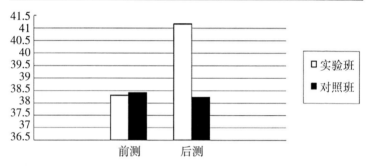

图3　实验班与对照班物理学习兴趣测试结果比较

测量工具为学习兴趣问卷调查。此问卷均是被试者在物理学习中经历过的情景,具有一定的代表性,内容非常贴近本研究的方向,适合于高中生的心理特点,该问卷经过多位教育专家的审阅,可以保证问卷内容具有可靠的信度和较高的内容效度。问卷包括60个陈述句,其中有50句描述一种典型行为、感受等特征,要求测试者做出是否符合自己情况的回答题目形式为是非题。第2、3、4、7、9、10、13、14、15、16、19、20、21、22、24、26、28、30、32、33、36、39、42、44、45、48、52、54、57、59题,每题答"是"得1分;第1、5、8、11、12、18、25、27、31、34、37、38、40、43、46、49、50、51、55、56题,每题答"否"得1分。上述各题得分之和为测试者的兴趣水平分数,满分为50分。为了检验测试者回答的真实性和答题的认真程度,在题目中还设计了完美性的检验题目,第6、17、23、41、47、53、60题,每题答"是"得1分;第29、35、58题,每题答"否"得1分,上述各题得分之和大于等于5,说明测试者对本试卷的回答不真实,该卷视为废卷。

经过一段时间的实验,得出表3和图3的结果。该结果表明实验班比对照班学生学习物理的兴趣高,离散度较小,且有较显著差距。因此表明互助合作式教学模式在高中物理教学中的应用有利于提高学生学习物理的兴趣。

互助合作教学模式能将各种成绩水平的学生的学习动机都调动起来,实现课堂上机会平等的教学原则,同时,在互助合作过程中同伴之间常常相互辅导、相互帮助,成绩较差学生的焦虑程度大大降低了,从而促使他们能够更好地学习。在小组合作互助中,无论成绩优秀还是成绩中等的学生都可以成为小组中的辅导者和监督者,这一角色的换位,使学生产生了新奇感和自豪感,再加上老师的及时肯定和评价,还提高了他们的自尊心和自信心,这些对他们的学习都是很有利的促进因素。教师重视组织材料,并抽取重要的信息进行讲解,这是一种认识加工和改造的过程,使其知识理解加以深入,这与学生成绩的提高相一致。

表4　实验班与对照班实验前后物理学习态度能力测试结果比较

名称	样本	人数	平均分	标准差	方差	差异显著性检测(P)	
前测	实验班	36	47.61	4.67	0.44	P>0.05	不显著
	对照班	36	48.08	4.41			
后测	实验班	36	50.81	4.14	2.86	P<0.05	较显著
	对照班	36	47.83	4.68			

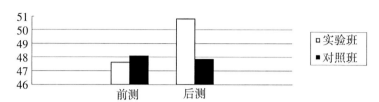

图4　实验班与对照班实验前后物理学习态度能力测试结果比较

测量工具为学习态度及能力问卷调查。该问卷与学习物理兴趣水平测试卷在一起,因此在兴趣测试卷为废卷的同时该问卷也视为回答不真实,即为废卷。学习态度及能力问卷满分为60分,题目分两种:一种是正向题,题号为3、6、9、10、13、14、17、20;其余为反向题。正向题答案为A、B、C、D者,得分分别为3分、2分、1分、0分;反向题答案为A、B、C、D者,得分分别为0分、1分、2分、3分。将所有得分相加,分值高者,说明学习方法、学习能力和学习态度好,否则相反。

由表4和图4的结果显示实验班学生在物理学习的态度、方法和能力上较对照班学生有优势,且离散度较小,因此表明互助合作式教学模式在高中物理教学中的应用有利于提高学生的学习能力和培养他们良好的学习态度。

具有不同智慧水平、知识结构、思维模式、认知风格的小组成员相互补充、合作探索、相互启发,能力水平应该是能够有所提高的。

(4)结论与讨论

经过一段时间互助合作式学习模式的实践,通过与学生的个别谈话及全班调查发现,学生普遍反映喜欢这种学习模式。并且,通过教学中的观察,可以看到物理教学中的互助合作实践带给学生一些变化。具体体现在：

①学习成绩普遍提高了。互助合作小组内同学互相关心、互相督促，课堂上认真听讲，积极思考，主动回答问题的人数和次数都有增加。

②学生的学习兴趣提高了。互助合作教学模式使课堂教学提供给学生发表见解的机会增加，学生在学习中相互讨论、讲解问题的情况增多，同学与老师间的交流也增多了，这满足了学生对自身的认同感和对他人产生影响力的需要，使学生感到学习是有意义的，从而提高对物理学习的兴趣。

③发展了学生的学习能力。通过小组互助合作教学模式，每个学生都有机会提出自己的思路和意见，同时又分享学习了他人的思路，这对于培养学习能力无疑是有利的。

互助合作式学习模式对教师提出了更高的要求。教师要为学生提供尽可能真实的问题情境，提供各种学习资源，必须有能力处理合作学习中出现的各种问题，既要有全面的物理专业知识和相关科技知识，又要具备组织管理教学的能力，对学生物理学习中与合作行为上出现的问题进行合理引导。因此，在互助合作学习过程中，教师直接参与教学活动时间减少了，而实际需要付出的精力和时间增加了，需要对学生投入的关注增多了。

四、项目教学过程与特点

"项目式"学习推动核心素养的发展，促进学生的学习兴趣，进而推动知识与能力的发展，推动学生的科学精神和创新实践的发展。一堂课下来,有思考有实践,有合作有分工,还有数学、物理、信息技术等跨学科知识的综合运用。项目式学习摒弃了传统的教学方式,改变了"教师讲,学生听"的被动教学模式,代之"以项目为主线、教师为主导、学生为主体",形成了一种学生主动参与、自主协作、探索创新的新型教学模式。

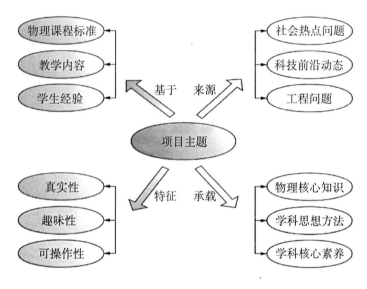

(一)项目教学切入

实施完整的项目教学,一方面需要较长的时间,往往一个单元对应一个学期或半个学期的时间;另一方面教师一开始还不太熟悉项目式学习,也不能灵活地运用项目教学方式开展教与学的活动。因此,项目教学可从常规、熟悉、易操作的角度切入,以便不断积累开展完整项目教学的经验。

1.从任务驱动切入

任务驱动是一种有效训练知识、技能的教学方式,一般通过设计一系列的小任务,让学生围绕任务而学习,达到理解知识、掌握技能的目的。项目式学习中的项目一般都可分解为多个小项目或任务或问题,可以从任务驱动的方式进行教学。但项目式学习与单纯任务驱动并不相同。项目式学习是多任务驱动的集合,要注意发挥学生的主动性,让学生自己从真实情境中形成可行性项目或问题,引导学生分解项目将其变成一系列的小任务,就称为一种主动的任务驱动学习。

2.从微项目学习切入

从常规教学考虑,每一节课都有一定的知识、技能及情感目标,围绕教学目标可以采用微项目学习的方式开展教学活动。微项目学习可以简缩为情境、规划、探究、成果4环节。

(1)创意从哪里来? 情境→主题(头脑风暴,思维导图)。教师根据预先设计的知识、技能目标,创作一个对应的微项目作品进行展示,激发学生兴趣,让其产生创作冲动,通过头脑风暴形成自己的项目主题,教师也可提供几个参考选题。

(2)如何初现创意? 规划→交流(分工,合作,讨论,制订方案)。教师引导学生围绕自定主题进行简单规划,并通过可行性分析制订好方案。

(3)怎样实现创意? 探究→实施(补充知识,小步尝试,循环提升)。教师引导学生通过探究学习和合作学习增进知识,掌握技能,创作作品。

（4）创意实现分享：成果→评价（作品制作，编程实现，迭代改进，自评互评，反思过程，分享成果）。教师引导学生自评互评，反思过程，分享成果。

（二）项目教学关键

项目教学的关键在于创情引趣、搭建支架、开展多元评价。

1.创设情境，激发兴趣

不论是大项目还是小项目驱动，都要通过项目范例创设引人入胜的情境，激发学生学习兴趣，让其产生创作冲动和激情，然后引导学生通过头脑风暴的方式将天马行空的想法变成可行的项目主题，或者引导学生从参考选题或驱动问题中量力而行地自主选定项目主题或驱动问题。

主题或驱动问题是学生自主选择的，学生就有可能发挥探究学习、合作学习的主动性，进而有可能通过持续探究创造性地解决问题，实现项目。

2.最近发展区，搭建支架

参考选题、知识、技能以及方法的设计，都要根据“最近发展区”原理为学生的学习搭建支架，让学生“跳一跳可以摘到果实”，或者“一步步地爬上梯子摘到果实”，或者通过合作“站在巨人的肩膀上摘到果实”，在学习过程中不断总结失败的教训和成功的经验，感受收获的愉悦。在学生的学习过程中，教师要注意及时指导或引导学生进行项目分解或问题分析，将项目或驱动问题分解为一系列的小项目、小问题或小任务，引导和鼓励学生进行持续地探究和实践，维持创新的兴趣，发展和培养他们的创新意识和创新能力。

3.多元评价,思维迁移

有效的评价能使学生的主观感受和客观认同之间通过不断比较权衡,建立一种平衡关系,有利于促进学生维持和发展学习兴趣,将创新思维朝更宽、更深的方向迁移。有效、合理的评价要注意多元化,包括评价标准、评价主体、评价内容、评价形式的多元化。

(1)评价标准:标准化评价+个性化评价。

(2)评价主体:教师评价+学生评价+小组互评。

(3)评价内容:知识评价+技能评价+情感评价+能力评价。

(4)评价形式:形成性(过程性)评价+终结性评价,定性评价+定量评价。

教师不仅是设计、引领、指导者,设计分析性评价表、整体性评价表,引领和指导学生自我反思、客观评估,而且还是学习、合作、创新者,在教学中学习,在与学生的合作中提高、重塑自己,成为终身学习者、创新者,并将这种精神感染、传递给学生,激发学生朝着终身学习者、创新者的方向发展。

基于项目式学习的评价是一种全新的评价手段,它能帮助我们了解教学活动是否注重学生21世纪技能和学科能力的培养。评价的依据包含学习态度、团队协作、组织能力、沟通能力、整体知识的运用能力、方案明确性、设计创新性、空间布局合理性、色彩搭配、空间氛围、满足乙方需求、完成质量等。项目式教学评价依据的多元化,促使其评价结果更为客观公正,能有效提高教学效率。项目式学习的关键是引导学生进行自主学习。

总之,围绕能力和素养的项目如何规划,情境入项课、知识建构课、合作探究课、作品创作课、成果交流课、反思评价课等怎么设计,实施项目式学习或项目教学有哪些切入点和路径等问题,都是我们需要深入研究的内容。

(三)项目式学习特点——让学习真实发生

"项目式教学"是依据教育目标和教学内容,通过项目研究、项目实施的基本方法,由教师创设教学情境,以项目问题的生成、探究、解决、运用来培养学生的创新精神和实践能力;以学生的发展为本,注重核心素养全面提升的一种探究式教学模式。在小学信息技术教学中探索使用这一模式,能够有效提高学习效率。

1.通过创设情境,激发学生的学习兴趣

"兴趣是最好的老师"。一堂好课首先要调动学生的学习兴趣,只有当教学触及学生情感的琴弦,激发了学生学习的欲望,引发了学生学习的兴趣时,才会使学生认真学习。如果教师在课堂上一开始就直奔主题,带领学生去动手实践,机械地传授知识,那学生只能是被动地接受。这样的课堂既缺乏生命力,又沉闷不已。因此,教师走进课堂的首要任务是要调动学生的情绪,让学生想学、愿学、乐学。只有当教师唤起学生的学习兴趣时,学生才会去如饥似渴地学习丰富广博的知识。

2.自主探究,培养学生的自学能力

教师不可能把所有的知识都教给学生,正如教师不能带领学生走遍世界每个角落一样。但教师却能把掌握知识的方法教给学生,正像教师能指导学生迈向他们尚未走过的道路一样。信息技术课不同于其他学科,是一门理论和实践相结合的基础性课程,况且它的更新换代相当快。所以,教师在信息技术教学过程中不可能使学生掌握每一种软件的使用,而应该教会学生学习的方法。教师只起到指导、引领、启发的作用,给学生留足思考的空间,不需面面俱到,包办代替学生所要做的一切,而是要把更多的时间交给学生,让学生在自学中去体验学习的乐趣。让学生通过自主探究,锻炼自身的自学能力。

3.小组合作,培养学生的协作精神

小组合作就是将学生分成若干个合作小组从事学习活动,让他们互促学习,以提高学习成效的一种教学形式。组织合作学习,一方面能培养学生的学习兴趣,激发学生的学习主动性;另一方面,也可以让学生在合作中体验成功,从而培养学生良好的学习习惯和团结协作精神。

先请小组之间互相交流"自主学习任务单"上的问题,了解工具的使用方法及技巧,探寻在实际操作过程中要注意的问题。后通过小组推荐成员进行汇报交流,并把所有注意事项很细致地分享给同学们。学生在老师的启发和帮助下以学生为主体,充分发挥小组学习、全班学习的群体作用,进行"自主、合作、探究"性学习。学生们在合作中学习可以丰富他们的语言积累,培养他们主动探究、团结协作、勇于创新的精神。自主是合作、探究的基础与前提,合作是促进自主、探究的形式与途径,探究是自主、合作的目的。三者不仅互为一体,还互为促进,使课堂进入到一个新的境界。

4.作品评价,培养学生的审美能力

课堂教学学生是主体,通过新的学生学习评价方法,使整个评价活动及学生都成为评价的主体,使学生由过去评价活动中的被动者变为主动者,使评价活动变为学生再学习的动力。信息技术学科的教学评价要灵活多变,既要注重教学效果,又要能体现出发展学生个性和创新精神的特点。促进学生发展的课堂教学评价应注重多元性、整体性和过程性的特点,并遵循发展性、学生中心和全面性的原则。

评价是调动学生主体性的有效机制,学生的学习只有通过自己的积极努力才能习得,通过教学评价要激起学生的主体参与性,让学生在课堂中体验成功的喜悦,获得进取的力量,分享合作的快乐,发现生命的灿烂。例如,利用问卷星进行网上投票选创意作品,小组展示的学生边讲创意,其他同学和老师们边打分。

"探索真实世界,解决真实世界的问题,教给孩子们真正实用的知识和能力,而不是应对考试的技巧",这是哈佛大学霍华德·加德纳教授曾提出的理想的学校教育方式。项目式教学就是调动学生自主学习的积极性,他们为了完成自己的项目,主动查阅资料、主动协作、主动尝试,教师最核心的作用是最初的"项目设计",以及学习过程中的引导和协助。给学生一个环境和任务,学习自然发生。

(四)项目式学习案例

将PBL应用于中学物理教学中,顺应新课改关于学生核心素养的要求。在研究中注重项目的实践性,以学生关心的真实问题为切入点,充分调动学生的学习积极性。

疫情复课后,在班里用额温枪测温发现,有些同学的额腕温不一样,额温甚至已经超过了规定的温度,于是针对这个实际问题提出探究男女生额腕温的差别并寻找准确测温方法的项目。将学生分组学习红外线测温原理,探究发现目前的手持便携测温枪功能单一,仅可以对人体温度进行一次性实时探测,不能编辑温度测量报警范围,不具备数据存储功能,且不能在全天候各种光强环境下进行人体温度测量。以上问题严重限制了红外测温枪的实际应用,据此学生提出设计一种兼具全天候测温和数据存储与数据分析功能的智能型红外测温枪,为高传染性流行病的防控提供了有力的温度监测工具。

1.PBL与中学物理教学

项目式学习是以学生为主体,在教师的引导下,由学生围绕一个研究主题开展调查和研究,依靠集体的力量解决一系列复杂的问题。以下以 PBL 代表"项目式学习"。PBL应用于中学物理教学,是将物理学科的课程目标、教学要求蕴含于项目式学习当中,将物理学科知识嵌入不同项目之中,基于学生参与项目过程中的信息搜集能力、团队合作能力和参与项目的情感态度、项目作品本身、成果汇报展示等五个方面实现多维度辅助协同中学物理教学。

2.问题的提出——额温枪存在缺陷

在班里用额温枪测温发现男女生额腕温存在差别,且当前手持便携测温枪功能单一,不具备数据存储功能,且不能在全天候各种强光环境下对人体进行温度测量。以上问题严重限制了红外测温枪的实际应用,特别是在对于新型冠状病毒肺炎等高传染性流行疾病的疫情防控应用中。

3.项目实施过程

编制问卷,统计结果,每日记录体温,整理数据,绘制图线,访谈额腕温差别。

(1)研究目标

①额温与腕温的差别;

②额温枪测腕温的合理性;

③在何位置测温更利于快速筛查体温异常人群;

③设计更智能的红外线测温枪。

(2)研究方法

访谈法,问卷调查法,数据分析法,科学推理法。

测温问卷

您平时在家测体温的习惯是_____。

您家中常用的是哪种温度计? _____。

体温计中您觉得哪个使用更方便? _____。

您出入公共场所的测温位置多是_____。

您认为温度计对您最大的用处是_____。

您知道测量哪个位置的温度最接近人的真实体温吗? _____。

您了解不同体温计的测温原理吗? _____。

特殊时期公众场合用额温枪体温,您觉得这对您的生活有什么影响? _____。

你理想的筛查体温计是什么样的? _____。

（3）研究内容

①调查学生对额腕温存在差别的看法。

②记录样本人群每日的额腕温，并进行数据分析。

③用哪个部位的体温测量值作为体温异常的上报依据。

④为了解决现有技术中存在的问题，设计一种兼具全天候测温和数据存储与数据分析功能的智能型红外测温枪。

4.研究过程

（1）探究额腕温差别。选定30名同学（男15、女15）坚持每日晨午测温，并准确记录每位同学额腕温的数值，将这些数据按性别分组，分别求取额温、腕温的平均值。

（2）项目提出的智能型红外测温枪设计具有以下特点：

①测温枪具有温度传感探头、数据存储与分析、环境光强感应探头、显示器、扬声器、补光等功能模块，且利用微处理器协调各功能模块之间的工作。

②可通过功能按键编辑测量温度范围，在被试者体温超过设定温度上限、低于设定温度下限，或在设定温度范围之外的情况下报警，并可通过不同的报警音进行区分。

③通过温度传感探头收集的温度信号可传送至数据存储与分析功能模块，根据被试者性别对样本温度数据进行存储，计算平均值、方差等统计信息，并可根据需要随时调用或传送至外围计算机。

④通过环境光强感应模块可对环境光强进行实时测量，当外界光强偏离光强预设值超过一定范围时可开启自动补光功能，通过调整显示器背光LED灯光强对显示器发光强度进行动态补偿。

5.研究结果

（1）额腕温差别：为了分析男女生额温与腕温的差异性，我们对30名同学连续进行了七天的额腕温测量和数据记录。首先我们将测量人员分为男生组和女生组，把测得数据按组分别求取额温、腕温的平均值。从图5中可以看到无论男生还是女生，额温均高于腕温。图6分别为不同时间采集的男女生额温与腕温之差，可以看到男生额温大多数情况下大于女生额温，而男女生的腕温差别则不明显，女生腕温有略高于男生腕温的趋势。为了进一步确定用平均值进行比较的科学性，我们又做出了标准差图线，这里考虑到样本数量有限，计算标准差用n-1作为方差的分母，图7分别为不同时间采集的男女生额温与腕温的标准差，可以看到无论男女，多数情况下额温标准差呈现比腕温标准差大的趋势，说明人群中额温的个体差异比腕温的个体差异更为显著。图8为不同时间男女生额温与腕温标准差，可以发现大多数情况下男生体温标准差大于女生体温的标准差，说明男生体温个体差异比女生体温个体差异明显，可能与男生容易动作幅度大、情绪波动大有关。由以上结果可以看到在7天的采集时间内男女生的额温与腕温初步表现出一定规律性，未来通过延长采集天数和扩大样本量，有望得到更为显著的统计规律。

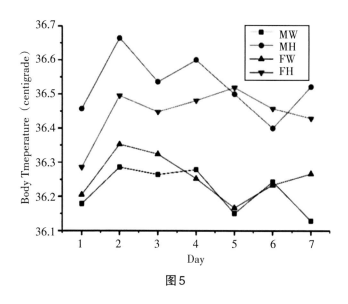

图 5

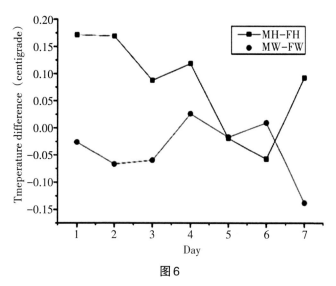

图 6

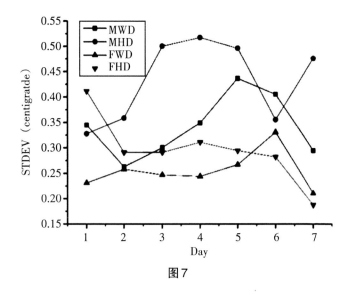

图7

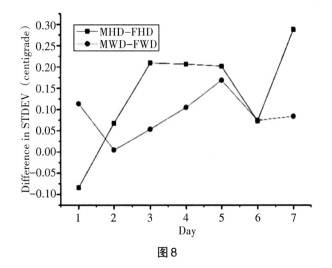

图8

（2）本项目设计的一种智能型红外测温枪，包括测温枪本体、手持柄。所述测温枪本体与手持柄之间通过转动轴活动连接;所述测温枪本体的一侧设置有环境光强感应探头、扬声器以及带有补光模块的显示功能区,另一侧设置有温度传感探头;所述测温枪本体与手持柄相连接处还设置有用于调节手持柄折叠角度的定向旋钮;所述测温枪本体内还设置有微处理器,其与温度传感探头、环境光强感应探头、扬声器、补光模块、显示功能区分别电性连接。本设计测温枪兼具全天候测温和数据存储与数据分析功能,为新型冠状病毒肺炎等高传染性流行病的防控提供了有力的温度监测工具。

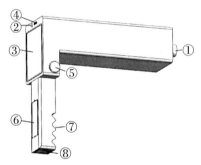

图9　智能型红外测温枪整体结构示意图

图9为智能型红外测温枪整体结构示意图,其中①为温度传感探头,负责采集被试者的体温;②为环境光强感应探头,负责收集环境光强信息,并传送至微处理器,在环境光强与正常值发生偏离的情况下启动补光模块;③为显示功能区面板,包含显示窗口和所有功能按键;④为扬声器,在温度数据异常的情况下可根据不同温度测量工作模式发出相应报警声;⑤为旋钮,可将测温枪的手柄90度折叠,使测温枪便于携带;⑥为电池舱盖,其内放置可充电电池,为测温枪提供电力;⑦为手持区,采用波浪形人体工程

学设计,使测温枪便于手持;⑧为外接电源及输出 microUSB 接口,可经 USB 数据线连接电源适配器为电池充电或连接外围计算机设备导出测温枪内存存储的数据。

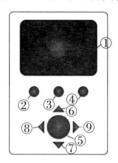

图 10　显示功能区面板示意图

图 10 为显示功能区面板示意图,其中①为 LCD 显示窗口,用于显示测温数据;②为电源键,用于开启或关闭电源;③为温度测量模式功能键,用于开启温度测量模式;④为数据调用模式功能键,用于开启数据调用模式;⑤为确认键,在开启温度测量模式或数据调用模式的情况下用于选择显示屏上相应的菜单项;⑥⑦⑧⑨为方向键,用于移动显示屏上的光标位置。

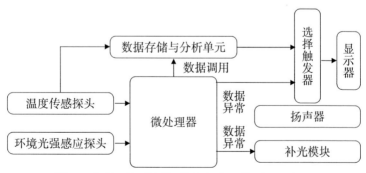

图 11　智能型红外测温枪各部分工作原理示意图

　　智能型红外测温枪的工作原理如图11所示,温度传感探头收集的温度数据一路传送至数据存储与分析模块,完成温度数据的存储与平均值、方差等统计量的计算,在微处理器向数据存储与分析模块发出数据调用的指令时可通过选择触发器将调用数据传送至显示器显示,温度数据另一路传送至微处理器。在通常状态下经选择触发器将实时温度测量数据输送至显示器显示,当温度数据与预设温度值或温度范围相比出现异常时将触发扬声器播放相应报警音。环境光强感应模块将环境光强信号传送至微处理器并与预设值进行比较,当光强数据偏离预设光强值超过一定范围时由微处理器向补光模块发出指令,启动显示器的自动补光功能,根据环境光强实时调整LCD显示器背面LED补光灯光强,达到动态自适应补光的目的,使各种环境光强场景下显示器发光强度维持在适当的水平。

　　6.过程评价

问题 ＼ 评价	较好	一般	不理想
对问题解决途径的猜想			
绘制图纸设计解决问题			
根据图纸建立模型			
通过模型得出结论			
操作过程小组合作情况			

　　7.反思与展望

　　数据有限,同学访谈希望有更准确额温枪,希望有关部门提出额温异常体温标准。为了更加准确和便捷地测量体温以及完成数据统计,团队开始设计一种智能红外线测温枪,一方面通过对人群中个体体温的测量能够及时发现温度异常个体;另一方面希望通过获得人群个体体温的大数据资源,得到人群体温分布的统计规律。

▶▶第六章
项目式学习下班主任工作的实践与展望

"项目式"学习推动核心素养的发展,促进学生的学习兴趣,进而推动知识与能力的发展,推动学生的科学精神和创新实践的发展。一堂课下来,有思考有实践,有合作有分工,还有数学、物理、信息技术等跨学科知识的综合运用。项目式学习摒弃了传统的方式,改变了"教师讲,学生听"的被动教学模式,代之"以项目为主线、教师为主导、学生为主体",形成了一种学生主动参与、自主协作、探索创新的新型学习模式。

一、多彩班级文化建设项目促进学生合作互助

如何"春风沐雨""润物无声"般的进行德育活动,避免过于生硬式的说教形式呢? 传统形式的德育工作在开展过程中不免流于生硬的说教,形式单一,有时会存在流于表面等弊端。同时我们要面对的教育对象——高中学段

学生,除了有着学生特有的好奇、服从理性等特点外,也有着该年龄下不可避免的青春期、叛逆等特殊心理因素。我们意图通过项目式学习让学生自主发展,突出班级成员广泛参与等方式,让德育工作能做到"春风沐雨""润物无声"般的开展,以实现成效的最大化。

作为班主任,在日常的班级文化建设工作中,要如何践行"三全育人"为目标,把握"立德树人"这一根本任务,结合学生思想实际,建设班级一系列高效、创新且多种多样的特色文化活动,有效开展学生理想信念教育,培育和践行社会主义核心价值观,塑造学生健全的人格、向善的人性和高尚的人品,使他们不仅具有正确的世界观、人生观和价值观,也具有坚实的专业技能和较好的科学文化艺术素养。这是课题研究的基本内容。期待长大后的他们能用智慧和能力服务于国家、民族和人民,成为担当民族复兴大任的时代新人。

基于我们一段时间的实践研究,我们认为要将班级文化进行重新建构与"三全育人"紧密结合才是最好的实践方式。比如我们的团课、党课请优秀党员教师、学校书记等对学生进行团史、党史教育,使学生具有使命感,坚定理想信念;通过在班级中创办《逐光》等刊物提供班级展示文化和学生自我教育的平台,提高学生维护集体的责任感。面对青春期的孩子与父母交流困难,互不理解的问题,开展"给家长一封信"及"十年之约"主题班会等一系列活动,引导学生主动思考自己的生涯规划和生活状态,并换位思考,理解家长的处境和心情,给同学创造一个向父母吐露心声感恩交流的机会。这些都是全员育人的体现。学生利用双休日在周邓纪念馆和图书馆担当讲解员和志愿者服务；开设"教授大讲堂"，请来各行各业的家长参与学生的职业规划。寒暑假还带领他们走进国投北疆发电厂和大神堂风力发电厂，亲身感受家乡先进的生产技术。这些都是育人的体现。

　　班级文化是一个班级的灵魂，是每个班级所特有的，应该具有班级特色。它具有自我调节、自我约束的功能。班级文化涉及与班级有关的各类人群，既包括我们以往比较关注的学生与学生之间的关系、师生之间的关系，也包括我们容易忽略的教师之间以及教师与家长之间的关系。而教师与教师之间是合力的关系，教师与家长之间是互补的关系。首先，它是一种个性文化，代表着班级的形象，体现了班级的生命。其次，它是班级全体师生共同创造的财富，是全体师生共同劳动的结晶。最后，班级文化是一个动态的、发展的系统工程，它的主体是学生。所以以班级文化建设为途径实现"三全育人"是切实高效的。与此同时，本课题中的一系列德育活动也可以作为我校"立言成人"培育项目的实施活动中的一部分。"立言成人"是指重视语言在教育中的基础性地位，充分发挥语言的育人功能，尊重、保证和开发学生的话语权，突出教育的自主性、开放性、发展性和丰富性，从而实现学生的自主发展、全面发展和个性发展。这同时也体现了我们对"班级文化"的建设目的。理解：即力求在实现学生自主发展和个性发展的同时，培养他们对班集体的尊重和热爱、对集体的归属感和荣誉感。这也体现在下文所提到的工作体系实施方案中的许多形式和内容的设计上。

　　班主任德育工作体系项目式学习的实施方略,力求在传统时代德育工作体系的基础上,立足于新时代,在网络、多媒体等技术手段的帮助下,让实施方式呈现出更加新鲜化、多样化的特点。目前计划中的实施方案有:

(一)定期召开主题班会

　　作为一种传统班级日常文化形式,班会也可以呈现新的风貌。定期召开的班会由班级成员的不同小组轮流主持。班会内容可以选取各种学生感兴趣的议题,无论是开展"社会主义核心价值观"学习的专题班会,还是对学科成绩分析、学习方法展开讨论,还是对各种时事热点、班内外大小事发表意见,都可以作为班会的主题。班会的组织形式也可以变得更加多样化。除了引入多媒体素材丰富班会形式以外,还可以采取辩论、讨论的形式,对班会主题进行多角度、深层次的剖析,让传统的班会发出更加耀眼的光芒。

(二)开展丰富的实践活动

　　所谓实践出真知,丰富的实践活动会让我们的德育工作事半功倍。实践活动的选取范围很广,从参加科学类的专题讲座和科技类参观、比赛——培养学生对科学的热爱和对祖国科技创新事业的深入了解;到进社区服务——增强组织可靠性的同时,也提高了办事效率和学生的积极性;到排演课本剧、参加辩论赛等校内活动——提高学生的参与度,让他们在排练、比赛的过程中磨炼自己,重新审视个人价值,增加对集体的认同感等。这些都可以作为实践活动的选取对象。实践活动强调学生自主参与、自愿组合,在充分发挥学生个性的同时,对班级文化的建设也是大有帮助。

(三)举办演讲活动

演讲活动对聆听者是一次学习的机会,对演讲者而言也是宝贵的锻炼契机。演讲活动可以不拘泥于传统,形式上可以是学生比较熟练的主题式演讲,也可以参考近期比较热门的 TED 或"一席"等分享式演讲。演讲者不会限定在班级内成员,班级成员可以邀请熟识的各个专业的学长、朋友来到班内,对广大学生开展如职业规划、心理辅导和团辅活动、了解心怡高等学府等主题的分享内容。

(四)班刊、班级公众号的建立

班级刊物一般是以"展现班级风貌,激励自由创作"为目的建立的内部出版物。传统形式的班刊会以板报、墙面刊物等教室内展示为主,在移动网络时代到来之际,班刊可以逐渐转移到更加便捷、形式更加丰富的博客、公众号甚至语音播客等网络形式发布。班刊也可以由学生以小组为单位承担编辑和撰稿工作。相信班级成员在看到班刊的阅读量和评论数逐步增加时,内心中对班级的自豪感和维护集体的责任感会油然而生。

(五)传统节日(纪念日)的班级纪念活动

利用传统节庆、重大历史事件活动设计主题教育活动,促进青年学生思想道德水平的提升。在祖国华诞之际

"为祖国献礼";开展学雷锋活动,维护校园设施、慰问孤寡老人、组织校园义卖,尽绵薄之力奉献爱心。宣传保护环境节约能源,倡导"地球熄灯一小时"。在活动中强化了学生对国家和社会责任担当的核心素养,充分发挥了精神文化的育人作用,使学生得到全面的发展。

二、优秀班集体建设项目促进学生人文底蕴素养的提升

在基于人文底蕴素养的活动开发中,笔者以"优秀班集体展示"为主要活动主题,着重培养学生解决问题的能力,将活动与跨学科进行有效整合。

(一)高二六班三好班级体建设项目

若非大浪淘沙,何来八方云集威武状元郎;若非经年春秋,何来情同手足并肩向搀扶;若非三生有幸,何来兄弟四海济济聚一堂。大家好,我是二十中学高二六班的刘晓晨,很荣幸能够代表二十中学高二六班来参加这次竞选。秉承立德立功、明达明辨的校训,我们致力于培养具有文化基础,积极自主发展,热衷社会参与,具备核心素养全面发展的人。

1.文化基础

特色语商,陶冶情操;多彩文化,育人无形。深知为国家培养富有精神力量的人才的重要性,我们十分注重在富有底蕴的文化氛围中潜移默化地丰富同学们的精神世界。在班主任侯老师的带领下,我们创建了有六班特色的多姿

多彩的班级文化。为了缩小学生家长在学习生活上存在的代沟,减缓学生的学习压力,培养同学感恩之心,我班建立了教师家长学生之间三方交流新平台,举行了"给家长的一封信"的活动,让同学们有了向父母吐露心声的机会,使家长更能了解学生内心世界,让家长和同学之间能够有更多的心灵交流。古人尊师重道,我班也努力创建师生交往新关系。在元旦,我们自发地为各位老师送去蛋糕和写满同学祝福的明信片,与老师共度佳节。我班创办了双语班刊《逐光》,力争引领校园风尚,在这一期期的班刊中,凝结的是同学们的智慧,倾注的是同学们的心血,收获的是同学们的喜悦。我们通过《逐光》这样一个平台,关心时事,交流意见,激情辩论,增进情感。我班还自创班歌、班徽。由本班同学亲自执笔、亲自谱曲的《美丽的梦想》成了日后回忆三年峥嵘岁月的桥梁,由同学构思良久,撰稿无数的班徽,无疑代表着专属二十中学高二六班的那份荣耀。"友爱,诚信,拼搏,超越"是我们的班风,"自律自强,博学笃志"是我们的班训。我们还与每一位同学商议,共同制定烙有六班印记的班级公约,努力构建良好的班级氛围。编写特色班级日志,记录班级发展进程。我班板报制作独具匠心,力图创造质量速度双高新模式。在这其中,是全体师生集思广益,倾尽全力地为班级付出,才有了今天的一切。我们希望营造一个良好的,有深厚文化底蕴的班集体。我们希望,当同学们回首往事的时候,他们想到的、会是激情的、充实的、坚定的、无悔的青春!

2. 自主发展

"古之欲明明德于天下者,先治其国;欲治其国者,先齐其家;欲齐其家者,先修其身;欲修其身者,先正其心;欲正其心者,先诚其意。"在致力于营造有人文底蕴的班级文化同时,我们也注重着同学们自主发展的能力。

在班主任的大力支持和班委会的精心组织下,我们曾有幸邀请到南开大学光学所的教授来为我班进行职业讲座,让同学们对物理光学及其就业前景有更深层次的了解,对未来有科学的自我规划。在此基础上,我们又邀请到了天津大学数学系教授并将讲座扩展到了全年级,希望能够对全年级的同学起到激励作用。"万事须己运,他得非己贤。"我们不光注重理论,更关注知识与实际的有机结合。利用周六课余时间,我班牵头带领全年级参观了国投北疆发电厂,把课本中发电输电的相关内容以实践考察的方式将其具体化、实际化。作为二十中理科重点班,我班承担了涵盖政治、生物、物理等多门学科的教课示范任务,受到老师们一致好评。作为理科重点班,我们也更不会落下学习,上学期结束的会考中,我班物理A率为93%,全科A率为70%。历次考试中,年级前十里有六成以上来自我班。

我班的同学们在课外更是尽情发展着自己的兴趣,英语、日语、韩语,他们样样精通;短跑、长跑、篮球他们个个擅长。汉语桥美国校长访华过程中我们代表学校承担交流座谈任务。在校运会上我班获得了团体总分第二名和优秀队列表演奖。区运会,我班同学又取得了男子组4×100米第一,女子实心球第二的优异成绩。作为二十中学的一分子,我们也尽心尽力为学校奉献。在我班,有学生会三位部长,一位副主席,一位主席。他们在繁重课业负担下一直兢兢业业,为学校建设呕心沥血。元旦,我班手绘社的同学更是牺牲了课余时间为学校制作灯笼献礼。安全日,我们也开展了主题班会在全校宣传安全知识。作为炎黄子孙,我们也深知在这个外来文化风靡的时代传承中华文化的重要性;在中华文化发展的瓶颈期,我们还自觉开展了以中国传统文化为主题的研究性学习,寻经问典,追根溯源,承担起传承中华文化的重要历史使命。

3.社会参与

"居庙堂之高则忧其民,处江湖之远则忧其君。"责任与担当一直是社会发展的重要动力。作为祖国的希望,我们深知当代中国需要的是具有积极参与社会发展的人才。

为了响应习总书记关于建设社会主义核心价值观的建设,我班班委会组织召开了"我的社会主义核心价值观"主题班会,同学们自编自导自演了反应民主选举的情景剧,并由两位同学以相声的形式使我们对公众法治有了更深的认识;在班会最后,我班一位同学高声朗诵了《我的中国心》,使社会主义核心价值观深入人心。此外,我班同学一直关心时政要闻,更是利用政治课的部分时间进行时事演讲,发表观点进行讨论,为同学们将来步入政治生活打下良好基础。我们同样深知,在前行的道路上应不忘先烈,铭记初心。我班组织了对周邓纪念馆的参观活动,深入了解先驱的革命历程,再次感受总理伟大的爱国主义情怀;班委会还组织同学们观看红色电影,再现了革命道路的艰辛和老一辈革命家百折不挠的优秀品质。在祖国华诞到来之时,我班各位同学积极响应"为祖国献礼"活动,祝愿祖国繁荣昌盛;欣望江山千里秀,欢颂祖国万年春。

飞速发展的中国,环保的重要性日益凸显,我们通过广播社宣传保护环境节约资源的理念,在全校范围发起响应"地球熄灯一小时"的号召。为了让雷锋精神薪火相传,前不久我班同学还发起了学雷锋活动,维护校园设施,还利用课余时间慰问孤寡老人,为他们送去生活用品和温暖的关怀。在学校的义卖活动中,我们积极捐献,热情参与,爱心无价,情义无价。

邓小平曾说过:"科学技术是第一生产力。"科学创新日渐成为综合国力竞争的一部分。我们积极培养学生走进创新、走进科技。去年暑假,我班5位同学参加了由科协、教育部共同主办的全国青少年高校科学营,走入清华大学,感受名校丰厚的历史积淀,了解最新的前沿科技,体验高校生活的多姿多彩,在闭营式中被评为优秀营员。在天津市青少年无人机大赛中,我班3位同学代表二十中学荣获大赛三等奖;在天津市机器人大赛中,我班多位同学取得了优异成绩。

合抱之木,生于毫末;九层之台,起于累土。我们坚信,通过这一点一滴的实践,终将积跬步成千里,积小流成江海。

三年磨剑,只为今朝辉煌,未曾试马却已崭露锋芒,授命之日,寝不安席,不负众望,事必身亲,博采众长,大器初成,愿为今日一介书生,只盼他日国之栋梁,谁敢横刀立马,唯我六班称雄。

(二)高三八班五育并举市级优秀班集体建设项目

三载光阴,成长千变万化,而班风未经改变,班训不曾褪色。35名同学与侯老师一起组成"35+1"的大家庭,闪烁锋芒,锐不可当。同唱班歌嘹亮,共绘班徽发光。"尊师,友爱,诚信,拼搏"下五育并举,"博学笃志,实干务本"间魅力绽放。

1.八班德育,肩负担当,心有信仰,敬革命先烈,续今日华章

我们参观人大,模拟政协提案积极提交,游香山,学宪法,寻迹津城,回望四史,踏红色土地,悟革命力量。祭英烈主题班会神情肃穆,五四团日誓词铿锵,青年大学习认真完成,积极提交。西沙海战胜利四十五周年纪念大会,少不了我们的参加。献礼建党百年主题教育活动,我们热血赤诚,斗志昂扬。三年里,魏良哲同学两次被评为市级优秀学生干部,张涵予被评为区级学雷锋榜样。八班两次被评为区级优秀班集体,一次被评为校级优秀班集体,局级优秀团支部。多次荣获校级文明班集体,优秀板报,优秀组织奖。

2.八班智育,兴趣为本,勤奋做基。克艰难险阻,存少年梦想

新东方杯英语演讲比赛,多名同学大放异彩。昔日的大礼堂表彰映照着天地之间的赛场,倪玺然四次获得年级第一,受邀参加并通过清华初试;李冠津入选"英才计划",现场答辩丘成桐中学科学奖,又在斯德哥尔摩青少年水奖中荣获二等奖。屋檐之下,辩论赛亚军奖杯碧彩耀华堂。张涵予、戴立行参加国际创客挑战活动,荣获二等奖,不负少年狂。

3.八班体美劳,上下一心,奋勇拼搏,怀善心爱心,践信义担当

两年运动会分列冠亚,区运会两金三银一铜兴致高。

义卖市场中,卖力吆喝又慷慨解囊。二十中学八十周年校庆,作为志愿者的我们挺起胸膛,绶带飘扬,每一句"您好,欢迎回家"都是对学校的爱与自豪。区级文艺展演的舞台,多名同学又把奖杯拿。尚未落下帷幕的艺考亦是频传捷报,喜得佳绩再创新高。体质训练值周劳动,无一不躺在记忆一角。敬老院、地铁站、图书馆,做义工怎觉疲倦辛劳。学工时的快乐与自豪,也非照片和文字所能言表。周邓纪念馆为期一年志愿站岗,我们风雨无阻只为游客安康。疫情期间的书画文章和无人机作品一起,书尽对国泰民安最诚挚的渴望。

4.八班回望,彼此同窗,情谊绵长,办特色班会,感青春力量

"自我介绍"是每个人在班级中的初亮相,"感恩教师"使师生情脉脉流淌,"军训总结"发扬刚毅坚强,"研讨学习"方法分享初有成效。以"赢"为主题的说文解字,破除心中的迷茫;林则徐戏剧的音乐奏响,心随戏动情绪高涨。我们既"学习二十中学在校一日常规"又"传承雷锋精神榜样力量",交流研讨间三品学子悄然成长。心理健康主题班会,在八班自可以开怀大笑;两个多小时表针转过,我们以青春为题畅谈理想与希望。同学们为什么眼中含笑,是看到了学长录制的祝福,憧憬而又渴望。窗台边,酒精灯轻轻点亮;信封上,火漆和手印郑重印下,封存的是八班人对未来的美好规划,和十年后再聚首的真切向往。而这些都是八班的不同班会侧影,都是我们不变且难忘的同窗之情。高三上学期的元旦联欢,笑到脸抽筋不住鼓掌。教师节言辞恳切情谊绵长,元旦贺卡一笔一画祝桃李满天

下。家校共育,每一次家访都承载殷切期望;百日誓师,打开家长的一封信誓言犹在耳旁。那些无尽的班会,书尽青春爽朗。手绘T恤的大幕拉开,灯光闪烁间恣意舞蹈,运动会上步伐整齐口号嘹亮,短裙西装活力满满,尽显青春力量。

高三八班全体博学笃志,实干务本。携担当以遨游,抱奋斗傲首行空,追求青春的极致绽放,追求六月盛夏似火的骄阳。这才是德育与智育齐飞,体育共美劳一色。

三、科学幻想写作项目促进学生实践创新素养的提升

(一)农业发展的科技幻想项目

在基于实践创新素养的活动开发中,我们开发农业发展的科技幻想项目,充分体现创新合作的精神。让学生根据班级特色自己策划活动,让他们与学生共同商讨农业发展的创新思路,制订活动方案,确定具体负责人等,引导学生发现和提出问题,使学生有解决问题的兴趣和热情,让学生能依据特定情境和具体条件制订合理的解决方案,使之具备在复杂环境中行动的能力等。

(二)农业发展的科技幻想项目作品

先给大家猜个谜语呀。"色似金,质非金,值胜金"是什么? 这就是我半生以来执于热爱的,也是大家生而必需的农作物——小麦和玉米。

"张总，研发部的最新报告出来了，秸秆的纤维细化达到了棉纺织标准！"

"太好了！"我兴奋地从办公桌后面蹦起来。"通知研发部、市场部、规划部会议室开会。"

我站到飘窗前，望着窗外金黄色麦浪，思绪又回到20年前的学生时代。作为一名农业科学院的学生，进行农村的实地考察，从而发现和解决问题是每年的必修课程。每到小麦和玉米收割之际，总有大量的秸秆作为用处不大但必须处理掉的废弃物在田间焚烧，产生大量浓重的烟雾，不仅成为影响环境的重大问题，也造成了大量的资源浪费。"铃，铃，铃"一阵电话铃声打断了我的思绪。

"恭喜你呀！听说你们公司最新的科技成果已经做到了秸梗纤维细化的纺织标准啦！"

"这是谁这么快嘴？我还想亲自跟您汇报成果呢！"虽然我已过不惑之年，但在老师面前还是有些孩子气。

"老师也是替你高兴啊！这么多年你带领团队一直不忘初心，从秸秆饲料、秸秆汽化、秸秆发电、秸秆乙醇到利用秸秆造纸，生产无甲醛系列秸板，广泛用作家具、包装、建筑材料等基材，今天又研发出秸梗在纺织业新前景，真正实现了你们上学时我提出的实行种植业、养殖业、农副产品加工业、秸秆生态工业四业相结合的高级阶段生态农业的生产模式，老师很是欣慰啊！"

是啊，我国作为农业大国，倡导自种粮食，减少对粮食进口的依赖。斗转星移，夏冬交替，每年可生成10亿吨左右的秸秆，在此情况下秸秆综合利用的效率和效益的提高就成为农村和农民进一步扩大小麦玉米种植面积的瓶颈。

而今,在我和团队的共同努力下,农民将秸秆卖给电厂发电,满足上万户居民的用电和供热需求,电厂降低了原料成本,居民获得了实惠的电价,而秸秆燃烧后的草木灰又无偿地还给农民作了肥料,从而形成了一个工业与农业相衔接的循环经济圈。我们还研制出从秸秆所含纤维素中提取酒精燃料,将整捆的秸秆高强度挤压后填充新房墙壁的技术,实现秸秆应用产业化,形成比传统石油农业劳动生产率更高、更可持续发展的新型农业,不仅增加了农民的收入,还增加了外汇收入。

"老师您放心,我一直记得上学时您带我们做的课题,也一直把小麦和玉米的种植和秸梗的处理作为我的热爱,科研成果会督促我更多思考和挖掘秸梗这个黄金产业链,我要让种植小麦和玉米成为人们向往的职业之一。"

挂断了与老师的通话,我更清晰地看到了方向,拿起研发材料走向会议室,我们要一起向着秸秆的科学化、实用化迈出新步伐。

(三)少年科技强项目

天干地支,日月轮回,庚子鼠年,注定不俗。2020年的春节晚会上,演出了据说是排练次数最少的一个节目——送给为疫情奔波的人们,这时候的我才意识到这种新型冠状病毒感染的肺炎疫情将打乱节日的节奏。这个春节比往常的安静很多很多,政府关闭了景区,取消了庙会,减少人们的流通。我们不串门,不走亲戚,在家里用消毒水擦拭地板、桌椅、门把;大人们拜年的电话里聊的也不是家常和工作,而是被传染的人们互道好好珍重;手机里也在转发着预防方法;就连电视屏幕下方也提醒着我们"出门记得戴口罩,最好少出门,多喝水"……

学校也在关注每个放假在家的学生情况,从每日打卡接龙跟班主任汇报健康情况,到每位老师利用智慧校园指导学习和答疑,还准备在延期开学的时间"停课不停学",利用录制的微课让我们学习新的知识。身为一名积极的青少年,我也关注疫情的发展和控制情况。看着每天更新的数据,让我心惊胆战,但看到前线的医务人员不顾自己的生命安危,夜以继日地救治病患;看到钟南山院士以84岁高龄带领医疗团队亲历一线连续工作,几天没合眼;看到解放军和武警战士在自己的岗位上值守;看到全国的医护人员"驰援"武汉;看到世界各地的留学生第一时间捐赠和空运来防疫物资,这些都让我感动得热泪盈眶。有这么团结的人民,强大的国家,优越的制度,我们对疫情的阻击战怎能不胜?

不出所料,在疫情向全世界肆虐的时候,是我们率先稳定了国内的情况,是中华大地成为全球趋之若鹜的避难所。而我们中小学生也分批次稳步复课,又回到了昔日熟悉的校园。我作为班级的考勤员,不但对同学们的每日出勤进行统计,还协助班主任对同学们进行晨午检的体温检测。对于这个环节大家都不陌生,公共场合出入的监测体温的基本仪器都是额温枪,但我从给同学们测温并记录的过程中还是发现了一些问题。有一天,我在午检时为一位男同学测量额温38.3!我都惊呆了,吓得直瞪眼,不会是出现了特殊情况吧。我把额温枪的示数展示给他看的时候他也吓一跳,"我没不舒服啊,早晨测温也没出现任何问题呀！我只是吃了顿午餐而已。"我紧接着又给他测量了腕温36.8，一切正常。这件事引起了我的注意，几乎是同一时刻，同一个人的额腕温差距这么大吗？那我们平时出入公共场合用额温枪测量腕温是否具有合理性呢？

　　带着这个疑问，我坚持在每日晨午检测温的时候不仅进行排查，还对45名准确记录每位同学额腕温的数值。然后把数据分为男生组和女生组，分别求取额温、腕温的平均值。通过图表分析看到无论男生还是女生，额温均高于腕温。又求出晨、午采集的男女生额温与腕温之差，可以看到男生额温大多数情况下大于女生额温，而男生女生的腕温差别不明显，女生腕温有略高于男生腕温的趋势。为了进一步确定用平均值进行比较的科学性，我又做出了标准差图线，通过不同时间采集的男女生额温与腕温的标准差，可以看到无论男女，多数情况下额温标准差呈现比腕温标准差大的趋势，说明人群中额温的个体差异比腕温的个体差更为显著。而不同时间的男女生额温与腕温标准差之差，可以发现大多数情况下男生体温标准差大于女生体温的标准差，说明男生体温个体差异比女生体温个体差异明显，可能与男生容易动作幅度大，情绪波动大有关。可以看到在较短的采集时间内男女生的额温与腕温初步表现出规律性趋势，未来通过延长采集天数和扩大样本量，有望得到更为显著的统计规律。我将整个研究过程拍摄和记录下来，参加了全国科学影像节的比赛，虽然没有得到确定的科学结论，但科学探索的过程使我对事物的观察更细致，对问题的发现更敏锐，也对科技产生了更大的兴趣。

　　为了更便于对同学体温的记录分析，我利用暑期时间研究了目前普遍使用的测温枪。发现这些测温枪功能单一，仅可以对人体温度进行一次性实时探测，不能编辑温度测量报警范围，不具备数据存储功能，且不能在各种光强全天候环境下进行人体温度测量。以上问题严重限制了红外测温枪的实际应用，特别是在对于新型冠状病毒肺炎等高传染性流行疾病的疫情防控应用中，一方面通过对人群中个体体温的测量能够及时发现温度异常个体，达到早发现与早隔离，另一方面通过获得人群个体体温的大数据资源，可以得到人群体温分布的统计规律，这对于疫情发展趋势预测和防控手段的制定至关重要。所以我提出一种兼具全天候测温和数据存储与数据分析功能的智能型红外测温枪，已经将专利申请书提交有关部门进行审核，希望能为新型冠状病毒肺炎等高传染性流行病的防控提供了有力的温度监测工具，为获得有效疫苗前稳定疫情争取宝贵的时间。

"青年一代有理想、有本领、有担当，国家就有前途，民族就有希望。"而习近平总书记也一再强调科技兴国的重要性，作为一名有爱国心的少先队员，我志愿通过文化知识的学习和科技兴趣的特长来实现自己的报国之志。"少年强则国强！"相信不久的将来，我也可以在实践中增长工作本领，勇挑重担，让青春在党和人民最需要的地方绽放绚丽之花。

四、系列主题班会项目促进学生责任担当素养的提升

项目式学习基于责任担当素养的活动开发主要安排

了"十年之约"和"庆祝国庆"两个项目任务。"十年之约"是基于责任担当素养活动开发中的代表,主要培养学生社会考察的能力、与人交往的能力,体现学生对周边资源的有效开发与合理利用。"庆祝国庆"的重点是让学生学会自尊自律、文明礼貌、诚信友善、宽和待人;孝亲敬长,有感恩之心;热心公益和志愿服务,敬业奉献,具有团队意识和互助精神;能主动作为,履职尽责,对自我和他人负责。

(一)"十年之约"主题班会项目

1.背景分析

虽然步入高三,但学生们的克制力和自我约束能力依然较差,加之青春逆反期,与家长沟通不畅甚至时而发生冲突甚至影响出勤。心理承受能力差,自我预期过高,付诸行动不足。缺乏对自身兴趣特长与高校专业之间联系的思考,缺乏职业规划和职业理想。开展班会目的在于引导学生主动思考自己的生涯规划和生活状态,并换位思考,理解家长的处境和心情。

2.教育目标

(1)树立高考目标,调动学习潜能;

(2)树立职业理想,规划职业生涯;

(3)学会与人协作共处,珍惜同学情谊;

(4)引领感恩父母、感恩母校、感恩社会。

3.设计理念

调动高中生积极自主地规划未来。"一年之约"的近期目标促使学生了解高校及专业设置,关注自身水平与高等教育的差距;"十年之约"的中期目标促使学生考虑自己理想的职业类型,关注终身学习;"二十年之约"的中期目标促使学生考虑人到中年理想的生活状态和家庭状态,关注今天的自己为明天能做出哪些有效的努力;"三十年之约"的长远目标让学生体验为人父母对子女的期望和自身为子女树立的标杆榜样。

4.活动过程

(1)前期准备:每个学生每人写好自己"一年、十年、二十年、三十年"的愿景,分装在四个信封中自行密封,在封皮上写上姓名和年限;每个学生用最简练的几个字说出自己理想的职业、生活状态,或者对以后的自己最想说的话,进行视频录制和剪辑;学生家长录制音频说出自己对孩子现在和以后的期许。

(2)班会流程

①主持人宣布班会开始,全体起立齐唱班歌《美丽的梦想》,迎班徽。

②播放两段视频,第一段是学生抓拍的日常表情包,活动照片,各种背影,背景音乐是新水浒传主题曲,在欢笑声中回忆种种过往的兄弟情。第二段是学生提前录制的对自己、对同学的十年愿景和祝福,有的以角色扮演呈现,有的调侃,有的严肃,但都可以看出走心的思考。

③在兴奋的笑声之后主持人引导同学聆听家长最想对大家说的话。播放家长音频,有的缓缓道出最朴素的期待,有的为全班加油,有的自然地唤出孩子的乳名,家长平时跟孩子没有机会表达的最深沉最朴实的爱在这里流露。

④同学们听完同伴和家长的寄语,在校领导和恩师们的见证下在每个箱子里郑重地投入了写给未来自己的信

件,通过这个神圣的仪式,它们将被密封存入校史馆,待到我们几十年再次聚首时再打开看看少时曾经的理想。

⑤班主任寄语。我从什么是高考,什么是成功和为什么要努力三个方面激励学生既对当下要面临的高考要重视,又要调整心态从容面对,悲观些看成功,乐观些看失败。提出了"不必每分钟都学习,但求学习中每分钟都有收获"的高效学习指导和"未来能遇见更好的自己"的殷切期望。

⑥学生小合唱《光阴的故事》。经典的旋律,青春的词句,领导、老师、学生全场合唱,每个人都在对曾经拥有的或者正在经历的奋斗的青春致敬。

⑦班委会向全体展示密封好的四个牛皮纸袋,由校长、书记、班主任在封条上加盖学校公章并签字见证,将密封好的牛皮纸袋保存于校史馆,增加了活动的仪式感和郑重性。沉浸于班会气氛中的任课教师和校总支书记发言,感动之余激励学生为了明天最好的自己而做出今天最大的努力!

⑧学生每人手上涂满五彩颜料,以手印为黑白底稿为班徽着色,共同见证誓言、见证努力、见证梦想、见证未来。

5.活动延伸

(1)学生对未来的憧憬还是很丰富的,虽然我不知道具体内容,但孩子们告诉我都写了至少千余字,这些是写给他们将来的自己,可能稚嫩,可能不能实现,但至少他们开始考虑希望自己变成的样子。

(2)激发学生规划自己生涯的同时让他们能够多观察、体谅、理解父母,设身处地地想象自己三十年后的境况,更好地促进家校统一的和谐教育。

(3)为了更好地完成约定的目标,我们又规划了高考前分别为期60天和30天的两次"闭关",用来反思自己,摒弃干扰,更加静心而从容的迎接各种挑战。

(4)活动的最长延展到了2048年,每十年一次的铁定聚会,封存在校史馆的少时梦想,将鞭策着学生们不忘恩师、不忘母校、不忘初心、不负理想!

(二)"迎盛会·庆国庆"主题班会项目

1.活动背景及目的
(1)活动背景

为进一步学习贯彻习近平新时代中国特色社会主义思想,坚定广大学生听党话、跟党走的信念,以优良作风、优异成绩迎接党的二十大胜利召开,弘扬爱国爱党情怀、传承红色基因,激励广大学生在实现中华民族伟大复兴中国梦的新征程上奋勇前进,围绕"青春献礼二十大 奋斗担当铸忠诚 强国有我新征程"主题宣传教育活动,在国庆节即将来临之际,开展"迎盛会 庆国庆"主题班会活动。

(2)活动目的

本次班会不仅作为大家展示的平台,更是使学生们从中受到爱国主义教育,帮助学生了解祖国的过去,认识祖国的现在,展望祖国的未来,激励学生珍重中华民族的光辉历史,相信中华民族永远屹立于世界民族之林。让学生时刻心系祖国,树立爱国心与报国志,以良好的精神风貌、积极的青春风采迎接党的二十大胜利召开!

2.活动时间及地点

2022年9月22日,高二九班教室(A317)。

(三)活动开展

(1)活动内容

①朗诵《我的南方和北方》:文章以改革开放时期为背景,展现不同地域特色下的南北方民族文化,回顾中华上下五千年的辉煌历史,以此激发我骄傲我是中国人的民族归属感与自信感,感受泱泱大国的风采与韵味。

②4个建党初期的故事:几段故事,记叙那段时代;几声呐喊,喊出无畏精神。通过4个建党初期的故事,一起走进那个时代,感受英雄情怀。

③歌曲串烧《new boy》《火车驶向云外 梦安魂于九霄》。两首歌取材于正青春的我们,鲜衣怒马少年时,不负韶华行且知。我们在金色的年华里当书写自己的人生篇章,我们在金色的年华里当留下最美的足迹。

④戏剧《丰碑》。"丰碑"原指高大的石碑,比喻不朽的杰作或伟大的功绩,剧中军需处长的高尚品德与舍己为人的精神正是不朽的丰碑;通过这段戏剧,我们一起体悟红军指战员的先人后己,勇于献身的革命英雄主义精神。

⑤知识竞赛:普及党的基础知识,回顾党的光辉历程,增强同学们对党的认识,做好党的宣传教育工作。献礼党的二十大,并有礼品相送。

(2)人员安排

班级班委会成员、班级乐队、班级戏剧团、主持人。

（3）宣传阶段

2022.9.13：由宣传委员设计活动宣传海报，同日在学生群内进行宣传。

2022.9.18：制作主题班会宣传ppt进行宣传。

2022.9.13—2022.9.21：多次在班级群内进行宣传。

（4）准备阶段

2022.9.9：策划人进行策划书编写。

2022.9.13：将通知传达到每位同学。

2022.9.17：负责财务管理与支出的同学购买礼品等。

2022.9.18：由总负责人招募主持人，撰写主持词，汇总《参演人员信息表》。

2022.9.13—2022.9.22上午：各相关负责人招募相关成员，进行练习和彩排。

（5）活动阶段

16：33 同学们进入教室，参演人员准备。

16：35 班主任入场，主持人致开场词，主题班会正式开始。

16：36 朗诵《我的南方和北方》开始。

16：42 朗诵《我的南方和北方》结束。

16：42 讲述4个建党初期的故事环节开始。

16：52 讲述4个建党初期的故事环节结束。

16：53 戏剧《丰碑》的表演开始。

17：01 戏剧《丰碑》的表演结束。

17：02 歌曲《new boy》的演唱开始。

17：06 歌曲《new boy》的演唱结束。

17：06 歌曲《火车驶向云外 梦安魂于九霄》的演唱

开始。

17：10歌曲《火车驶向云外 梦安魂于九霄》的演唱结束。

17：11知识竞赛环节开始。

17：17知识竞赛环节结束。

17：17班主任致辞，进行总结。

17：20主持人致谢幕词，主题班会结束。

（6）预算

项目	单价	数量	合计	渠道	备注
签名纸			25元		
棒棒糖			20.97元		
合计45.97元					

五、项目式学习提效班主任工作的展望

项目式学习有助于提高学生的核心素养，形成积极向上、主动发展的良好班风、学风，促进班级健康蓬勃发展。根据六大核心素养创造性地开发了若干项目式主题探究活动，以达到培养学生核心素养、提升班主任工作质量的目的。

（一）基于人文底蕴素养的活动开发

在基于人文底蕴素养的活动开发中，以"班刊"为主要活动主题，着重培养学生提出问题的能力，将活动与美术学科进行有效整合。宝玉直实验小学2015年被评为广州民间文化（广彩）传承基地，以此为依托，学校开发了"班

刊"系列主题活动。学生通过观察、走访、调查、分析、采访、收集资料等手段,全面了解广彩,增强了提出问题、解决问题、团结协作等各方面的实践能力。

通过"班刊"的主题探究活动,学生的审美情趣提高了,初步积累了艺术知识、技能与方法;能理解和尊重文化艺术的多样性,具有发现、感知、欣赏、评价美的意识和基本能力;具有健康的审美价值取向;具有艺术表达和创意表现的兴趣和意识,能在生活中拓展和升华美等。

(二)基于科学精神素养的活动开发

"小小发明家"活动主要是与数学、科学相结合,体现科学素养培养的要点:理性思维,崇尚真知,能理解和掌握基本的科学原理和方法;尊重事实和证据,有实证意识和严谨的求知态度;逻辑清晰,能运用科学的思维方式认识事物、解决问题、指导行为等。"我是小小发明家"活动与语文学科整合,促使学生产生好奇心和想象力,能不畏困难,有坚持不懈的探索精神,能大胆尝试,积极寻求有效解决问题的方法等。

(三)基于学会学习素养的活动开发

"美酒佳肴"是基于学会学习素养的主题探究活动,侧重对周边特色资源的开发。首先,笔者根据活动主题将学生分成了几个小组,有的小组想研究广场店的食物质量,有的小组想研究食物价格与成本。其次,笔者围绕探究的问题指导学生制订小组活动方案,并开展研究。

高中班级管理对于班主任是一项考验,如何有效管理高中班级需要从问题出发,有针对性地在实践中找到解决办法,因人而异,个性化、人性化管理是与时俱进的表现。教师在班级管理上是需要艺术的,如何管理好班级与学生进行良好沟通是每个班主任需要长期改进和完善的。

►►参考文献

一、著作

[1]霍华德·加德纳.多元智能[M].沈致隆,译.北京:新华出版社,2003.

[2]吴康宁.课堂教学社会学[M].南京:南京大学出版社,2000.

[3]《党的十九大报告辅导读本》编写组.党的十九大报告辅导读本[M].北京:人民出版社,2017.

[4]习近平.决胜全面建成小康社会　夺取新时代中国特色社会主义伟大胜利[M].北京:人民出版社,2017.

[5]教育部基础教育司.中小学德育工作实施指南[M].教育科学出版社,2017.

[6]庞国斌,王冬凌.合作学习的理论和实践[M].北京:开明出版社,2003.

[7]昆体良.昆体良教育论著选[M].任钟印,译.北京:人民教育出版社,1989.

[8]中华人民共和国教育部制订.全日制义务教育物理

课程标准2022版[M].北京:北京师范大学出版社,2001.

[9]陈佑清.教学论新编[M].北京:人民教育出版社,2011.

[10]何可抗,李文光.教育技术学[M].北京:北京师范大学出版社,2009.

[11]王志军.物理教育比较研究[M].北京:教育科学出版社,1993.

[12]阴国恩.心理与教育科学研究方法[M].天津:南开大学出版社.1996.

[13]刁雅云,刘若民.新课程教学研究与实践 中学物理科学探究案例[M].天津:天津教育出版社,2005.

[14]陈琦,刘儒德.当代教育心理学[M].北京:北京师范大学出版社,2005.

[15]王学兰.教育统计学[M].天津:南开大学出版社,1998.

[16]中华人民共和国教育部制定.普通高中物理课程标准[M].北京:人民教育出版社,2020.

二、期刊

[1]汪明帅.从"被发展"到自主发展——教师专业发展的现实挑战与可能对策[J].教师教育研究,2011(4).

[2]胡晓娟,朱铁成.美国物理教育现状管窥[J].物理教学,2005(12).

[3]陈维霞,陈娴.多元智力理论在美国高中物理教材中的体现[J].物理教学,2005(2).

[4]许小慧.合作学习自主探索——"六环节"教学模式

初探[J].甘肃教育,2000(5).

[5]陈向明.合作学习的组织建设[J].教育科学研究,2003(2).

[6]张天宝.论主体性教学[J].中国教育学刊,1996(5).

[7]李耀标.探究式教学设计与实施的原则[J].物理教学,2005(8).

[8]董明法.科学探究中的实验设计[J].物理教学,2005(9).

[9]张军鹏.理科学生对物理学习认识的差异研究[J].课程教材教法,2002(1).

[10]聂新权."基于PBL的中学物理STEM教育实践与思考"[J].考试周刊,2019.